Atitude

Direção de Arte:
Luiz Antonio Gasparetto

Capa e Produção Gráfica:
Kátia Cabello

Desenhos:
Matisse
(Psicografado pelo médium:
Luiz Antonio Gasparetto)

11ª edição
Junho • 2009
10.000 exemplares

Dados Internacionais de Catalogação na Publicação (CIP)
(Câmara Brasileira do Livro, SP, Brasil)

Gasparetto, Luiz Antonio
Atitude / Luiz Antonio Gasparetto. -- São Paulo: Centro de Estudos Vida & Consciência Editora.
-- São Paulo: Centro de Estudos Vida & Consciência Editora.
ISBN 978-85-85872-17-9

1. Atitude (Psicologia) 2. Atitude - Mudança 3. Autoajuda 4. Autoconhecimento 5. Conduta de vida
I. Título

09-05112   CDD-158.1

Índices para catálogo sistemático:
1. Atitude : Desenvolvimento pessoal: Psicologia aplicada 158.1

Publicação, Distribuição
Impressão e Acabamento
CENTRO DE ESTUDOS
VIDA & CONSCIÊNCIA EDITORA LTDA.

Rua Agostinho Gomes, 2312
Ipiranga • CEP 04206-001
São Paulo • SP • Brasil
Fone / Fax: (11) 3577-3200 / 3577-3201
E-mail: editora@vidaeconsciencia.com.br
Site: www.vidaeconsciencia.com.br

É proibida a reprodução
de parte ou da totalidade
dos textos sem autorização
prévia do editor.

Luiz Antonio
Gasparetto

Atitude

Só pra quem tem a ousadia
de querer ser si mesmo.

Deixar de sofrer.
Se encontrar.

Ser verdadeiramente melhor.
Tudo está em suas mãos.

Luiz Antonio
Gasparetto

DOIS A DOIS
PODE SER UNIÃO OU GUERRA.

DOIS A DOIS
PODE SER DISPUTA OU COOPERAÇÃO.

DOIS A DOIS
PODE SER FORÇA OU FRAQUEZA.

DOIS A DOIS
PODE SER ÓDIO OU PERDÃO.

NÃO IMPORTA COMO NOS ENCONTRAMOS
O IMPORTANTE É A OPORTUNIDADE DE ESTAR
DOIS A DOIS.

Agora nós estamos dois a dois.

Eu conduzo com palavras escritas. Você me acompanha.

Apesar de estarmos juntos

EU SOU EU.

VOCÊ É VOCÊ.

VOCÊ É ÚNICO.

Pense um pouco nisso.

Orientação: É muito importante que você leia bem devagar, sem pressa.

Olhe e sinta palavra por palavra em seu corpo.

Colha de cada frase o sentido profundo.

Vamos experimentar com o poema abaixo:

PARA QUE DEIXAR PASSAR
O TEMPO SEM SENTIR?
POIS QUE NA VIDA, NADA FICA.
E A SENSAÇÃO DE EXISTIR,
É A PERCEPÇÃO DOS MOMENTOS
DENTRO DO CORAÇÃO.
OLHAR, OUVIR E GOSTAR
NO GOSTO DE CADA INSTANTE,
NA CONSCIÊNCIA INTERIOR.
NÃO HÁ LUTAS PARA SE TRAVAR.
NÃO HÁ QUEIXAS A SE FAZER.
APENAS O DEIXAR SER,
ACOMPANHANDO O INTERMINÁVEL
DRAMA DA VIDA.

Voltemos ao tema.

EU SOU ÚNICO.

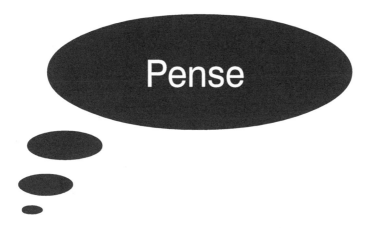

Nunca houve ninguém igual a mim em milhões de anos exceto eu mesmo em reencarnações passadas. Mas, como eu mudei de lá para cá, o que fui no passado, foi único, pois agora, já sou diferente.

NÃO EXISTE NINGUÉM IGUAL A MIM AGORA...

Nem existirá ninguém igual a mim nunca, no futuro.

Eu mesmo já serei diferente.

EU SOU ÚNICO AGORA.

Assim também são todas as pessoas.

TODAS AS COISAS SÃO O QUE SÃO NO AGORA.

Então

MEU MODO DE SER É ÚNICO. AGORA.

MEU CORPO É ÚNICO. AGORA.

MEU DESTINO É ÚNICO. AGORA.

Toda comparação é absurda.

O que eu pensei que fosse, provavelmente, foi o resultado da comparação com os outros.

Eu era o resto de uma subtração.

Ao me ver diferente dos modelos sociais, eu me julguei errado.

Todos são únicos. Não existem comparações possíveis.

Se eu quero ser normal, eu me rejeito, me deformo e me machuco.

SE EU ME ACEITO, SOU NATURAL E ME VALORIZO.

Então...

EU SOU ÚNICO E CERTO AGORA.

Eu não quero ser normal.

EU QUERO SER NATURAL. SER COMO A NATUREZA ME FEZ A CADA INSTANTE.

Água, pedra, rio, céu, pessoa.

EU ME VALORIZO E ME ACEITO COMO EU SOU.

EU TENHO VALOR PARA MIM. (pense bem nisso).

Afirme agora, sentindo profundamente:

– EU SOU ÚNICO! ESTE MOMENTO É ÚNICO. TUDO ESTÁ CERTO.

E se deixe ficar consciente mais e mais de sua originalidade, pensando:

EU DEIXO IR EMBORA TODAS AS IMAGENS DE MIM MESMO QUE SEJAM FRUTO DA COMPARAÇÃO COM OS OUTROS OU COM OS MODELOS SOCIAIS.

EU DEIXO IR QUALQUER IMAGEM DE MIM.

EU SOU ÚNICO E ME ASSUMO COMO EU SOU.

EU ESTOU NESTA VIDA PARA SER SÓ EU. O EU DE

CADA INSTANTE. Saboreie esta frase com calma.

E EU SOU UM FRACASSO AO TENTAR SER QUEM EU

NÃO SOU.

EU SOU UM SUCESSO SÓ QUANDO SOU O QUE SOU.

EU NÃO SOU UMA IMAGEM QUE FIZ DE MIM.

EU SOU O QUE SOU, QUANDO FICO ATENTO PARA O

QUE SINTO. AGORA.

Leia e sinta visualizando cada imagem:

UM PINGO DE ÁGUA CAI NA POÇA.
UM PAPEL VOA NA CALÇADA.
O SOM DE UM LATIDO AO LONGE.
UM CARRO BRECA NERVOSO.
UM CISCO NO OLHO.
UM PULO NO ÚLTIMO DEGRAU.
MÃOS NO BOLSO CASUAL.
PENTES, GRAMPOS E FIVELAS.
UM PEDAÇO DE PAPEL FORA DA GAVETA.
A PLANTINHA LUTA PELA VIDA NO COPO D'ÁGUA.
A CANETA SEM TAMPA.
A FOMINHA DAS 11 HORAS.
TUDO SÃO PEQUENOS DETALHES,
ATRAVESSANDO O DIA
SEM COMPROMISSO OU IMPORTÂNCIA.
APENAS OS OLHOS PASSEANDO SEM DRAMAS
PELA MÚSICA DA VIDA...

EU SOU ÚNICO. TUDO É ÚNCO.

EU SOU O QUE SINTO. AGORA.

O QUE SINTO É ÚNICO.

EU SOU LIVRE PARA SENTIR.

EU SOU UM ESPAÇO ONDE SENSAÇÕES OCORREM.

EU SOU A CONSCIÊNCIA DAS SENSAÇÕES.

Fique atento para o que você sente ao ler o poema abaixo:

> O CHEIRO DA HORTELÃ FRESCA.
> O PINGO D'ÁGUA NA VIDRAÇA.
> O GOLE DE CAFÉ, O JARDIM DA PRAÇA.
> O FIO DA FACA OU DO CABELO.
> LUZES QUE PASSAM POR SOMBRAS
> NO RITO DA MEMÓRIA ENFRAQUECIDA.
> FRAGMENTOS DA VIDA LIGEIRA,
> FRASES SURDAS DO COTIDIANO.
> NÃO BUSQUE O SIGNIFICADO.
> APENAS, SINTA.

Você é livre para sentir. Repita isto a cada dez minutos nas próximas horas e tente praticamente experenciar a frase:

EU SOU LIVRE PARA SENTIR.

Parece simples? Ou não?

Ser verdadeiro requer tempo e atenção. Você pode ter criado muitos impedimentos para sentir.

Este livro está cheio de orientações de como lê-lo para tirar partido dele.

Agora vamos acertar as coisas.

Talvez você não goste de seguir orientações.

Talvez você confunda orientação para se tirar o melhor das coisas (que é igual a disciplinar-se) com ordens autoritárias e opressoras e por causa disso você comece a agir com rebeldia e desprezo às orientações.

Se for assim, pare de ler agora: este livro não serve para você.

Não perca o seu tempo se enganando.

Mas se você quer usar este livro para se conhecer, leia-o com calma e obediência.

Obediência não é servidão.

Obediência é a liberdade de dar seqüência à sua consciência. A seguir com ciência. A enfrentar e caminhar com inteligência.

Agora, voltemos ao texto.

A cabeça pensa.

Nossos corpos refletem os pensamentos criando sensações.

Se as sensações são boas, os pensamentos que as causam são considerados bons e positivos, caso contrário, são maus ou negativos.

Para você especificamente, é claro!

E só para você. Entendeu?

Você é único, não esqueça. O que é melhor ou pior, só o é para você, e isto em dado momento. Fora do específico, TUDO É RELATIVO.

O relativo existe. O absoluto também.

Leva algum tempo para você realmente compreender isto.

Eu sei que você entendeu, mas ainda não compreendeu.

Entender é saber intelectualmente.

Só na cabeça.

Compreender é fazer parte de você.

É ser você num todo.

De forma que tudo fique automático, integrado, compreendido, dentro do seu sistema.

Agora brinque com isto:

Na sua vida, você já fez uma imagem de como você é.

A sua auto-imagem.

Geralmente ela não corresponde ao que você realmente é ou pode vir a ser.

Essa auto-imagem foi feita de opiniões e impressões que você ouviu dos outros.

Você as colecionou enquanto crescia.

As pessoas geralmente não enxergam nada além de si mesmas.

Elas se projetam nos outros.

Elas se vêem nos outros.

Elas não vêem os outros realmente.

Elas falavam a você, mas não viam você.

Preste atenção neste poema:

> OLHAR CARA A CARA
> NO CONFRONTO DO QUE SOMOS
> E ASSUMIR-SE COMO SE É,
> SEM DOR, MIMO OU ESCAPISMO.
> ABRIR A MENTE PARA O PROGRESSO,
> O CORAÇÃO PARA O GESTO,
> AS MÃOS PARA SOMAR.
> SER FORTE PARA SE AMAR,
> COMO QUEM CONCEDE À NATUREZA
> A LUZ DA CONSCIÊNCIA DE SER
> NA PAUTA REGULAR DA REALIDADE.
> POIS TODOS AQUELES
> QUE FOGEM DE SI,
> NO FATALISMO DOS ENCONTROS,
> ACABAM POR SE VER ASSUSTADOS
> NA FACE INDIFERENTE DOS OUTROS...

Assim...

1 • Ouse questionar.

– "Talvez eu não seja quem eu penso que sou."

Esvazie sua cabeça e brinque:

Se eu não sou quem eu **penso** que sou, então eu sou o que sinto?

– Eu sinto que eu _____

(complete com o seu sentir).

Vá fundo nisso.

2 • Pergunte-se agora:

– Como eu me sinto ao ler este livro?

– Confortável? Continue a lê-lo.

– Desconfortável?

Então sinta-se confortável em deixar este livro de lado.

O IMPORTANTE É SER FELIZ.

SÓ VOCÊ PODE FAZER-SE FELIZ.

Mas se você está a fim de continuar, tudo vai correr pelo seu

risco.

Leia este livro sozinho.

Deixe que ele o ajude a penetrar em você.

Este não é um livro comum.

É um livro caminho.

Eu quero criar, com você, caminhos novos para seguir.

O NOVO É A CHAVE DA LIBERTAÇÃO.

Problemas são sempre velhos caminhos.

Todas as pessoas, incluindo você, sabem que a libertação

de um problema só aparece quando você ousou ir para o

novo. E tudo isto com uma forte vontade de participar.

PARE DE ENCERRAR-SE DENTRO DO MUNDO
PARE DE DEBRUÇAR-SE NO ABISMO DE SEUS IMPULSOS
SOMOS LÚCIDOS PARA DECIDIR
SOMOS LIVRES PARA ESCOLHER
FAÇAMOS TUDO DE CORPO INTEIRO.

HÁ UMA PESSOA QUE VIVE EM NOSSO PEITO
HÁ UM QUERER QUE APONTA O RUMO A SEGUIR
SOMOS HÁBEIS PARA ESCUTAR
SOMOS LIVRES PARA ASSUMIR
FAÇAMOS TUDO DE CORPO INTEIRO.

A VIDA CONTINUA A SER MESMO, APESAR DE TUDO
CONTINUA EM PAZ O DIA A AMANHECER SEM LUTO
SOMOS SEGUROS PARA CONFIAR
FAÇAMOS TUDO DE CORPO INTEIRO.

Tudo que é bom é bom. Tudo que é mal é o ruim. Dói.

O bom é o bem e é o nome dado ao conjunto de sensações prazerosas, harmônicas, produtivas, realizadoras, etc.

O mal é o ruim e é o nome dado ao conjunto de sensações que causam desconforto, dor, perda, desarmonia, impropriedade, fome, frustração, angústia, etc.

O MELHOR BEM É AQUELE QUE CAUSA O PRAZER MAIS PROFUNDO, CUJO NOME É REALIZAÇÃO.

Realização é duradoura, espiritual e acrescenta mais ao

que somos.

Existe também o Bem Menor.

Ele é efêmero, passageiro, superficial.

E o mal?

É só ilusão. É um modo infantil de ver o Bem Menor.

Antigamente, nós pensávamos que tudo era estático e absoluto e víamos em tudo o Bem Eterno e o mal eterno.

Não havia mobilidade.

Atualmente o homem descobriu que **TUDO É RELATIVO.**

Tudo é mais ou menos bom, segundo as condições de cada situação e de quem está envolvido nela. O grau de capacidade e de inteligência de cada pessoa envolvida.

Assim, há o Bem Maior e o Bem Menor, mas não há nada realmente mal. O mal é só ilusão.

O que muda com isto?

Quando você pensa em termos de bem e mal absolutos, você quer cortar o mal pela raiz. Você, ou faz a guerra com os outros, ou faz guerra interna com você. Justificam-se, assim, a revolta, a punição educativa, a crueldade cristã.

Matar, bater, castigar, ferir, tudo é válido quando é para acabar com o mal.

Agora, refresquemos a cabeça e o coração.

NA ARTE DE BEM VIVER
O VERBO É COOPERAR
É ESTAR SEMPRE PRESENTE
E SABER O SEU LUGAR

O OUTRO FALA GENERALIZANDO,
EU NÃO TENHO NADA COM ISSO!
O OUTRO SE FAZ DE VÍTIMA,
NÃO TENHO NADA COM ISSO!
O OUTRO NÃO GOSTOU DO QUE EU FIZ,
NÃO TENHO NADA COM ISSO!
ELES ME QUEREM DIFERENTE,
NÃO TENHO NADA COM ISSO!
ELES DISCUTEM PELA RAZÃO,
NÃO TENHO NADA COM ISSO!
ELES QUEREM SE MATAR,
NÃO TENHO NADA COM ISSO!

GUERRA É GUERRA.
É PARA QUEM QUER GUERREAR.
EU NÃO TENHO NADA COM ISSO!

Quando você olha o mundo sob o prisma do Bem Maior ou Menor, tudo não passa de sabermos conhecer o grau de adequação das coisas.

O Bem Maior é aquele que atinge mais ampla e elegantemente as coisas, levando-se ao maior lucro, de uma forma individual e grupal.

Assim, todos levam vantagem.

Mas isto também é regulável, segundo o grau de evolução das pessoas envolvidas.

O que em meu grupo e cultura é considerado Bem Maior, em outro grupo, em outra cultura, pode ser considerado diferente.

Quanto mais crescemos em experiência, mais cresce a nossa noção de bem.

O Bem Menor é tudo aquilo que conhecemos como insuficiente.

Para mim, por exemplo, assassinar alguém é o Bem Menor pois eu o considero inadequado.

Para o assassino é diferente. Ele se sente imediatamente

aliviado em tirar do seu caminho o inimigo, e isto é bom para ele. E se ele é primitivo o suficiente por não saber outra forma melhor de acabar com o seu problema, então ele está fazendo o Bem Maior em seu grau de evolução.

Tal é o caso da guerra.O soldado é herói por matar o inimigo.

Se você estiver no mesmo nível moral deste soldado, você irá também homenageá-lo.

Porém, para mim, o Bem Maior seria procurar formas não agressivas de fazer a paz. Negociar, talvez.

TUDO É RELATIVO.

Agora, se você tem o se Bem Maior e se deixa levar pelos outros e pratica o que, segundo o seu nível é um Bem Menor, então você causa dor.

Crer em ilusões causa dor.

CRER NO REAL CAUSA PRAZER.

O BEM É PRAZER, HARMONIA DURADOURA.

O Bem Menor é o que não serve mais para você. É o antigo.

É o antigo:

Segundo sua originalidade.

Segundo sua unicidade.

Você é o único, se lembra?

O Bem Menor é o que não serve para você **aqui** e **agora**.

Quem sabe o amanhã?

Água só dá prazer quando se tem sede.

Fora disso dá desconforto.

Comer só dá prazer quando se tem fome.

Fora disso dá desconforto, dor.

Tudo muda no tempo e no espaço.

Necessidades podem voltar. Depende!

CONQUISTAR-SE
É SUBIR UMA MONTANHA ÍNGREME
CUJA BASE É PEDREGOSA.
É USUFRUIR DA PAISAGEM REPOUSANTE
NO CUME DA SUA VITÓRIA

CONQUISTAR-SE
É MERGULHAR NO FUNDO DO MAR.
É PRENDER O AR
ENQUANTO CONTEMPLA AS BELEZAS SUBMERSAS
E RESPIRA ALIVIADO NA SUBIDA.

CONQUISTAR-SE
É ACEITAR SEUS PRÓPRIOS LIMITES.
É TENTAR SUPERÁ-LOS SEM CHORO.
É POSSUIR EM AMOR E FORÇA
A FORÇA DE SER SI MESMO.

CONQUISTAR-SE
É SABER SER CONFIANTE EM SI
COLOCAR-SE IGUAL AOS OUTROS
MOVIMENTAR-SE ESPAÇOSO E FOLGADO
POR ENTRE OS CORREDORES ESTREITOS DA VIDA.

CONQUISTAR-SE É SENTIR-SE BEM
NO BEM DE CADA DIA...

Releia tudo com atenção e escreva seus comentários:

O SEGREDO DA FELICIDADE
É A ATENÇÃO NO BEM.
NÃO HÁ CONFLITOS,
EXISTE APENAS A NECESSIDADE DE MUDAR.
NÃO HÁ LUTA ALGUMA,
EXISTE APENAS COOPERAÇÃO.
NÃO HÁ PROBLEMA NENHUM,
EXISTE APENAS TAREFAS.
NÃO HÁ FOFOCA NENHUMA,
AS PESSOAS APENAS SE CONFESSAM.
NÃO HÁ DESENCONTRO
APENAS MUDANÇAS DE RUMO.
NÃO HÁ MOTIVO PARA DESESPERO,
APENAS O SEU DESCUIDO CONSIGO MESMO.
NÃO HÁ NADA CONTRA VOCÊ,
APENAS SUA CRENÇA NO MAL.
NÃO HÁ MEDO REAL,
APENAS CORAGEM RECALCADA.
NÃO HÁ VÍTIMAS NA VIDA,
APENAS PESSOAS INCONSCIENTES DO PRÓPRIO PODER.
OLHAR COM OS OLHOS DE BOA VONTADE,
É VER COM OS OLHOS DE DEUS...

TUDO   TUDO   TUDO   TUDO   TUDO   TUDO   TUDO

TUDO   TUDO   TUDO   TUDO   TUDO   TUDO   TUDO

TUDO   TUDO   TUDO   TUDO   TUDO   TUDO   TUDO

TUDO   TUDO   TUDO   TUDO   TUDO   TUDO   TUDO

TUDO   TUDO   TUDO   TUDO   TUDO   TUDO   TUDO

TUDO   TUDO   TUDO   TUDO   TUDO   TUDO   TUDO

TUDO   TUDO   TUDO   TUDO   TUDO   TUDO   TUDO

TUDO   TUDO   TUDO   TUDO   TUDO   TUDO   TUDO

TUDO   TUDO   TUDO   TUDO   TUDO   TUDO   TUDO

TUDO   TUDO   TUDO   TUDO   TUDO   TUDO   TUDO

TUDO   TUDO   TUDO   TUDO   TUDO   TUDO   TUDO

VEM

DE

UMA

Atitude

Todas as atitudes são pensamentos-padrões condicionados.

Há dois tipos de pensamentos:

Há os pensamentos investigadores que são feitos quando analisamos, perguntamos, refletimos, racionalizamos, comparamos, etc...

E há também pensamentos-padrões, que são aquelas conclusões em que depositamos fé, importância, que são o nosso poder de crença.

São assim, aqueles que nós consideramos como verdades.

Eles são padrões, pois agem como programas de computador.

Ao serem validados, enchem-se de vitalidade e poder enquanto os outros pensamentos, por serem só especulativos, não têm importância para o computador mental.

O computador da nossa mente está no inconsciente.

Ele usa os pensamentos-padrões como programas de ação.

Ele é capaz de tornar real, de materializar, de tornar tangíveis aos nossos cinco sentidos, todos os seus programas. Assim, vivemos aquilo que acreditamos.

Dessa forma, escrevemos os nossos destinos.

O QUE VOCÊ ACREDITA TORNA-SE REAL.

O que você deseja não acontece.

Desejo é querer sem crer.

Querer sem crer não vale nada.

Quem mais crer, tem mais o poder de fazer.

O destino é fatal apenas:

a) O fato de que você vai viver para sempre, queira ou não queira.

Viver desta ou daquela forma, depende de você e de suas crenças.

b) Viver implica em escolher. Você escolhe sem parar.

Você não pode parar de escolher.

Agora mesmo, onde você está escolhendo colocar sua atenção?

No livro, nos seus pensamentos, onde?

Não escolher, parar de escolher é também uma escolha.

c) Você vive para sempre.

Você escolhe sempre.

E SEMPRE VOCÊ ESCOLHE O MELHOR.

Parece absurdo? Mas não é.

Ninguém tem o poder de escolher o pior.

Seja qual for sua escolha, ela sempre será melhor segundo a sua visão no momento.

Nós somos movidos pela boa intenção, mesmo quando erramos.

Na hora de escolher, sempre optamos pelo que nos parece melhor.

A consciência de que erramos, vem sempre depois.

"O homem é bom por natureza íntima". (Sócrates)

Juntando os três itens imutáveis do destino, vemos que a Natureza garante a si mesma.

Garantindo a evolução dos homens.

Você é Natureza.

Escreva esta frase no espelho do banheiro:

NATUREZA SOU EU TAMBÉM.

A Natureza impõe a vida e o progresso, mas é o eu consciente, você, quem decide como esse progresso se desenvolverá.

Tudo anda segundo seus pensamentos-padrões:

Assim o meu poeta diz...

> CAMINHAR NUMA RODA SEM FIM
> NUM CIRCO FANTÁSTICO,
> ONDE O IMPOSSÍVEL É O ALCANÇAVEL
> NO RISO E NA DOR
> IR E VIR SEM LUGAR
> E CRESCER E SUBIR SEM LIMITES
> SER A LUZ QUE INVADE AS ESTRADAS
> NA BUSCA DE SI MESMO
> NO ENCONTRO DO FUTURO
> PASSEAR PELA ETERNIDADE
> NO FOGO VIVO DA VIDA
> NO COMPASSO DA DOR E DO PRAZER
> SERMOS O CAPITÃO DA NAU
> VAGUEANDO
> CRIANDO E RECRIANDO O DESTINO.

Assim cabe agora saber como melhor escolher.

Saber se um pensamento é bom ou inadequado a você, basta perceber que:

Todos esses pensamentos-padrões também causam conseqüentes sensações em você.

Logo, o melhor guia na seleção dos pensamentos são as sensações.

Por isso, eu peço a você que sinta cada frase deste livro.

Só aceite o que lhe causar prazer. Só aí você deve crer.

A fé que dá prazer é:

A Fé-licidade.

O QUE EU CREIO FICA REAL PARA MIM.

O QUE VOCÊ CRÊ FICA REAL PARA VOCÊ.

Por isto, o Bem Menor é ilusão que fica real quando você teima em continuar a crer nela.

O Bem Maior também. Ele só se manifesta em sua vida quando você opta por crer nele.

Apesar disso a evolução garante:

Somos feitos para evitar o inadequado.

Evitar a ilusão e o desconforto.

Somos feitos para buscar o Bem Maior.

Mesmo que ele seja relativo à percepção de cada um.

Gostamos do melhor. Procuramos repeti-lo.

E, às vezes, insistimos em repeti-lo, mesmo quando ele fica ultrapassado e desce à categoria de Bem Menor em nossa evolução.

É aí que ele cria a dor.

A nossa estrutura é feita para só aceitar o bem, o nosso melhor que deverá se atualizar sempre.

Assim, SÓ O BEM EXISTE. É fatal. É real.

Todos chegaremos a ficar estáveis nele.

Pelo caminho da inteligência ou da experiência.

Manipule sua fé.

Creia só em pensamentos que lhe causem bem-estar.

Repita muitas vezes interiormente, até se sentir bem.

EU SÓ CREIO NO QUE ME CAUSA BEM-ESTAR INTERIOR.

O BEM MAIOR É MINHA REALIDADE.

E o que eu faço com o ruim de mim? Talvez você me pergunte.

Nada. Absolutamente nada.

O ruim é o seu Bem Menor e o Bem Menor é inadequado, o que não serve mais para você. Basta não crer nele.

Aceitar que ele não é mais real para você. Agora.

Queira só ser você.

SER VOCÊ É SER SEU MELHOR. AGORA.

EU POSSO SER EU. Repita.

EU ME PERMITO SER EU.

SER EU É SER FELIZ.

SER EU É SER O MELHOR. É VIVER O BEM MAIOR A TODO MOMENTO.

É ESTAR NO PRAZER INTERIOR. É TER CRENÇAS QUE MANTENHAM ESSE PRAZER.

É ESTAR NO MELHOR.

ENCAIXADO EM MIM. FELIZ. CONTENTE.

Os outros pensamentos que lhe causam dor e desconforto não são para você.

Eles certamente lhe serviam no passado.

Ou talvez sirvam para os outros. Agora.

Nunca creia no que os outros dizem se não lhe causar um bem-estar interior. Lembre-se:

O bem é relativo para todos.

A ilusão é o ruim em que você acreditou.

Você a segura e crê nela. Mas ela não lhe serve.

Como eu estou certo disto? É simples.

A dor é um aviso de que algo está errado.

A dor é uma defesa.

Quando fazemos algo que nega nosso equilíbrio, nosso progresso e o nosso grau de sabedoria, a dor aparece.

Se algo está desagradável, este algo não é você.

Você está perdido.

Encontre-se agora.

Pare. E pense sentindo:

EU MEREÇO O MELHOR.

EU FUI FEITO PARA O MELHOR.

O MELHOR JÁ EXISTE EM MIM AGORA.

Sinta no corpo inteiro.

Quaisquer pensamentos contrários são ilusões.

Bobagens em que você acreditou.

Uma gravação na memória.

Automática e estúpida.

É o seu poder de crer que as mantém funcionando. Não creia nelas.

Ignore-as como insignificantes.

Diga apenas;

– Eu não sou essas coisas, pois causa-me dor.

– EU SÓ ME ENCONTRO QUANDO PENSO CERTO, QUANDO MEU PENSAMENTO CAUSA SENSAÇÕES PROFUNDAMENTE PRAZEROSAS.

Experimente: Ver-se de corpo inteiro como bom.

Afirme:

– EU SOU BOM.

– EU SOU DIVINO. EU SOU A NATUREZA.

Não tenha ansiedade.

Tudo o que existe é o aqui e o agora.

Pense e sinta.

– EU SOU BOM!

Coloque uma música suave e gostosa.

Pois a música é:

> MÚSICA...
>
> UMA CASCATA DE SONS
>
> COMO UM EXÉRCITO DE FAGULHAS
>
> TRANSPARENTES ESPELHOS PENETRANTES
>
> VENENOSO RIO DE HUMORES
>
> DESLIZAM AGUDOS E DOCES PELAS VEIAS
>
> RESSOANDO DOS PÉS À CATEDRAL CRANIANA
>
> E LIBERTAM BORBOLETAS PELOS OUVIDOS
>
> EXPLODINDO O CORAÇÃO EM ÊXTASE
>
> MÚSICA... MÚSICA... MÚSICA...
>
> É SIMPLESMENTE O SOM DA RESPIRAÇÃO
>
> DO UNIVERSO... MUDO.

Enquanto ouve a música, leia:

> PARE E SINTA
> OS PORQUÊS NÃO EXPLICAM UMA SENSAÇÃO.
> PARE E PERCEBA
> QUE TUDO O QUE JAMAIS POSSUÍMOS
> É A SENSAÇÃO QUE TEMOS ATENÇÃO.
> AQUELE FRAGMENTO DE REALIDADE
> QUE SÓ TEMOS AQUI E AGORA.
> O QUE VALE
> É SABER QUE PODEMOS
> CELEBRAR A ALEGRIA
> QUE SEMPRE PODEMOS CRIAR
> QUANDO REALMENTE SABEMOS
> QUE O PRAZER É A VIDA...

– EU SOU BOM! EU SOU DIVINO!

E doravante, só creia no que lhe faz bem.

Desafie o mundo.

Saia do pesadelo. Seja o bem. Seja você.

> TORNE-SE FELIZ
> TUDO DEPENDE DE SI
> TUDO FICA EM SI
> TUDO SAI DE SI
> TUDO MORRE EM SI.

SÓ A VIDA É VIDA
E NÓS, SENDO ELA.
UMA VAGA NOS CARREGA,
UM VENTO NOS EMPURRA.
SÓ A VIDA É VIDA
SEM FUNÇÃO OU INDIVIDUALIDADE
SÓ EM SI E MAIS NADA
NO GRANDE MAR DAS SENSAÇÕES
VIVER É VIVER
COMO QUEM NÃO FAZ E TUDO É FEITO
COMO QUEM FICA E TUDO SE MOVE
COMO QUEM NÃO LUTA E VENCE
COMO QUEM ESCONDE E MOSTRA
COMO QUEM PROCURA E PERDE
COMO QUEM PERDE E AVANÇA
COMO QUEM MORRE E RENASCE.
VIVER É SÓ VIVER
E MAIS NADA...

QUERO DEIXAR PASSAR POR MIM
O TOQUE DE TODAS AS SENSAÇÕES

NO SABER DE CADA COISA
NA VONTADE DE CADA AÇÃO
NO SENTIMENTO DE CADA HORA
NA CONFIANÇA DA FÉ

QUERO DEIXAR PASSAR POR MIM
A LUZ CLARA DA ALEGRIA

NO DESAFIO DE CADA CONQUISTA
NO SUCESSO DE CADA DERROTA

NO CHORO DE CADA POETA
NO SOM DE CADA SILÊNCIO

NA INSPIRAÇÃO DE CADA SORTE
QUERO DEIXAR PASSAR POR MIM

A LEVEZA DE SUA PRESENÇA
A VOZ EM CADA SENTENÇA

POIS, NUM CLIMA DE AMOR PROFUNDO
NO INFINITO DA ETERNIDADE

PASSAR PELA VIDA
COM TODA LIBERDADE.

Já que vamos passar mais uns momentos juntos, eu e você, gostaria que você soubesse: tudo quanto eu escrevi aqui foi com a consciência de que o meu fenômeno de existir é o mesmo que o seu fenômeno de existir. Somos um só ser, existindo em múltiplas individualidades.

Somos ilhas do mesmo relevo.

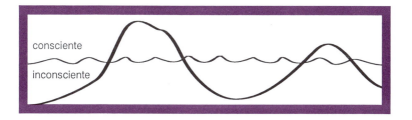

Acima do mar da mente, ilhas separadas.

Abaixo, no inconsciente,

Somos todos o mesmo relevo.

Somos raios da mesma luz.

No fundo, no fundo. No animus, na alma,

Somos o mesmo.

A alma de todos e de tudo é chamada de Deus.

Deus é o que brilha

POR ENTRE PAREDES DE INDECISÕES
RESTA UMA JANELA CLARA

A VISÃO DO QUE NÃO É VISTO
A FORÇA INCÓGNITA DE DEUS.

A CERTEZA PARA OS CEGOS
A MULETA DOS ALEIJADOS

A INSPIRAÇÃO DO POETA
A GENIALIDADE DOS SÁBIOS

A VOZ SILENCIOSA DOS ATORES
A PORTA DOS ENCURRALADOS

A SAÍDA DOS DESESPERADOS
O ENCONTRO CONSIGO MESMO.

É a luz, o espírito, a alma.

Seus raios ao penetrarem na consciência,

Tornam-se individualidades.

VOCÊ É UM RAIO, CUJO INÍCIO É A LUZ.

EU SOU UM RAIO, CUJO INÍCIO É A MESMA LUZ.

EM DEUS TEMOS A MESMA ALMA.

MINHA ALMA É A SUA ALMA.

DEUS É TUDO

DEUS EM FORMA INTELIGENTE

SÃO OS ESPÍRITOS – FILHOS DA LUZ
ELES COMPUSERAM O UNIVERSO FÍSICO E ASTRAL
ELES COMPUSERAM MINHA EVOLUÇÃO
ELES PODEM FAZER TUDO.

EU SÓ POSSO ESCOLHER,
AGIR EM MEU LIMITE.
ELES PODEM AGIR ILIMITADAMENTE.
EU SOU FILHO DELES...
NELES, EU SOU.

Assim, quando a Alma diz que algo é bom para mim,

É bom para você também.

Se eu fizer o bem que eu sinto em mim, eu farei o bem para você também, mesmo que você, em suas ilusões, não concorde. E se você não concordar, não muda nada.

EU FAÇO O QUE É BOM PARA MINHA ALMA.

LOGO, EU FAÇO O QUE É BOM PARA TODOS.

Se eu sigo as ilusões, eu me machuco e machuco a todos.

Mesmo aqueles que não me conhecem.

SE EU FAÇO O BEM, EU BENEFICIO A TODOS.

SE MELHORO, EU MELHORO A TODOS.

O MEU SUCESSO É O SUCESSO DE TODOS.

O meu fracasso é o fracasso de todos.

Não há sucessos ou fracassos isolados.

Embora o fracasso seja apenas um ensaio para o sucesso.

MELHORAR-SE É O MELHOR BEM QUE SE PODE FAZER AOS OUTROS.

Agora, relaxe e melhore, procurando o bem em você.

Se dê prazer e você fará bem a todos.

> SEGURANÇA É SABERMOS
> QUE PODEMOS CONTAR CONOSCO
> NA ALEGRIA E NA TRISTEZA
>
> DE MÃOS DADAS COM DEUS
> DEUS, AQUELA FORÇA QUE MORA EM NÓS
>
> PARA TODO O SEMPRE
> ATÉ QUE A MORTE NOS ETERNIZE.

Melhorar é conhecer os mistérios do tempo.

Assim:

Tudo o que eu acreditei como válido pode não ser mais válido agora.

Tudo o que eu quis, posso não querer mais agora.

Tudo o que eu planejei, pode ser inadequado agora.

EU POSSO MUDAR QUANDO QUISER.

E tudo já mudou.

No mundo físico e no mundo astral. Em qualquer mundo.

Nada é igual ao que eu já vi.

A memória é uma colagem que minha mente criou de fragmentos de sensações passadas. Não é o passado em si. É como eu vi o passado.

A memória é relativa. **EU SOU RELATIVO.**

Tudo muda. Verdadeiramente o que existe é só a mudança.

O que existe é só percepção.

O que existe é só a consciência.

Tudo como eu, consciente, percebo as mudanças.

Tudo é só o perceber.

O perceber se renova a cada instante.

Isto é mudar.

ESPANTAR A POEIRA DAS VELHAS IDÉIAS

E DEIXAR-SE MUDAR

ABANDONAR O MEDO INÚTIL

E DEIXAR-SE MUDAR

RENDER OS PLANOS DIRETIVOS

E DEIXAR-SE MUDAR

ESQUECER SUA ORIGEM FAMILIAR

E DEIXAR-SE MUDAR

PURIFICAR E LIMPAR OS RESSENTIMENTOS

E DEIXAR-SE MUDAR

CONFIAR NA SABEDORIA DA VIDA

E DEIXAR-SE MUDAR

SABER QUE SOMOS UM COM DEUS

E DEIXAR-SE MUDAR

IR PARA O NOVO

É RENASCER A CADA INSTANTE

É TORNAR-SE VIBRANTE

SABOREANDO COMO AMANTE

O INFINDÁVEL GOSTO DE VIVER!

Você quer mudar?

Depende?

Quero?

Não?

Nada disso adianta.

O seu querer não tem poder neste caso.

Tudo muda e mudará independente do seu querer.

Se você entendeu isto, então, poderá influenciar as mudanças, fora disso, tudo é estagnação, dor e sofrimento.

Se você voltar a ler o início deste texto, ele já terá mudado.

Ou melhor, sua percepção já mudou. Pouco ou muito, mas já mudou.

O que será do amanhã?

O desconhecido.

Você tem medo dele?

Mas com ou sem medo ele é real em sua vida.

O desconhecido é cotidiano.

O desconhecido é real.

Basta apenas aceitá-lo.

POR ENTRE A TEIA DOS FATOS
NADA É REALMENTE CERTO

O INESPERADO
É SEMPRE UMA REALIDADE
CONFIRMÁVEL

NA CONFIANÇA DA VIDA
TEMOS A ÚNICA SEGURANÇA
REAL

POIS ENTRE O CERTO E O ERRADO
O ACERTO E DESACERTO

A VIDA FALA COM SABEDORIA
ONDE A IGNORÂNCIA SE CALA

Assim, eu vivo tranqüilo.

O resto é querer parar as mudanças.

Parar a consciência, parar a evolução, parar a vida.

E isto é doença, dor.

Pare de doer e flua com o desconhecido.

Você acha díficil?

Será?

Ou o difícil é tentar parar a vida, não perceber o novo?

Cegar-se, segurar-se, apertar-se e rolar no barranco dos fatos?

Acalme-se.

Facilite-se.

Leia de novo.

Facilitem-se.

Tudo vai.

Vá com tudo no macio.

Aceite o desconhecido.

O novo.

O estranho.

E perceba que você não tem compromisso com o passado.

O que passou, passou.

Eu sei que você entende isto.

Mas ainda não compreende.

Pense.

Pense e sinta.

```
PARTIR DO PORTO DO PASSADO
SEM CHORO DE ADEUS
E OFERECER-SE AO DEVANEIO DAS ONDAS
NO MAR DA COMÉDIA HUMANA
É A ESCAPADA
É A ÂNSIA DA ESTRADA
É A OUSADIA DEIXADA
É A MUDANÇA ESPERADA
É A CURA MERECIDA
É A ROTA DA SUBIDA
É O FIM DA PICADA
É O RECOMEÇO DA ESTRADA
É A LÂMPADA ESTOURADA
É A GARGALHADA OFERECIDA
É A MÃO ESTENDIDA
É A RENOVAÇÃO CONQUISTADA
É A LIBERDADE DE SER
É A LEVEZA DO DAR
É A SOLTURA DO PODER
É O RETORNO AO PORTO
LIVRE, LEVE E SOLTO.
```

EU NÃO TENHO NADA COM MEU PASSADO.

SOU O QUE FAÇO AGORA.

Minha história me trouxe até aqui.

Não sou a somatória dos fatos vividos.

Sou o desenvolvimento das potências que os fatos promoveram.

Não importa o que eu vivi.

O que importa é o que eu conquistei.

Eu vivo desde sempre. Incontáveis anos.

Agora eu sou o que desenvolveu-se em mim, com ou sem a minha ajuda.

Eu estou compromissado só com o que sou agora, com o que posso agora.

Falar, pensar, sentir, sorrir, fazer, etc.

Mas só o que posso agora.

O resto é passado e passou.

Passou, entendeu?

Será que você está a fim de deixar o passado ser passado?

Ou quer continuar a viver dos fantasmas?

Você foi rejeitado, amado, ferido, querido, etc.

É. Você foi. Agora... O que você é?

SÓ O AGORA É REAL.

Bem, é você quem escolhe ficar com o real ou com as ilusões.

É você quem tem o poder aí dentro. Nossa intimidade aqui é

apenas o meu desejo de ajudá-lo.

Porém, ajudá-lo é algo que não depende de mim. Simplesmente não tenho poderes dentro de você.

Apenas poderes dentro de mim.

Eu mudo, e isto o beneficia, mas não o liberta.

Salvar-se da sua dor, é o seu poder.

Eu o ajudo, e você se cura. E isto só se você quiser.

Procure aplicar isto aos outros e veja como você se sente.

Pense em cada familiar, um de cada vez e diga:

– Eu não posso salvá-lo.

– Eu não posso mudá-lo.

– Eu não sou responsável por você.

– Eu não sou hábil para mover o seu mundo interior.

– Só você pode fazer algo por você.

– O reconhecimento dos meus limites pode ajudá-lo a reconhecer o seu próprio poder.

– Se eu não iludir você com a tentativa de salvá-lo, se eu lhe disser que o poder é só seu, sei que o terei realmente ajudado.

O futuro não existe. Liberte-se deste outro fantasma.

Ansiedade é o nome do mal-estar que você cria quando põe sua cabeça no futuro como se ele, o futuro, estivesse aqui.

O futuro não está aqui.

O futuro não existe. Existirá.

SÓ O AQUI É REAL.

VIVER NUMA CONSTANTE BUSCA
É NUNCA TER OLHADO PARA SI
VIVER SOB O DOMÍNIO DO MEDO
É ACREDITAR NA CRUELDADE E CONDENAÇÃO
VIVER NA ESQUINA DA SOLIDÃO
É NÃO CONHECER SEU PRÓPRIO PODER DE ACEITAÇÃO
VIVER NA TORRENTE DE ÓDIOS E RESSENTIMENTOS
É NUNCA TER EXPERIMENTADO O PERDÃO
VIVER NA DOR DA REJEIÇÃO
É NÃO SABER SE AMAR
A CADA MOMENTO NA VIDA
MAIS VALE O QUE NÓS FAZEMOS
POIS QUEM BEM SE CUIDA
AOS OUTROS AJUDA.

O aqui e o agora.

Pré-ocupar-se é viver no futuro. É ocupar-se previamente.

Ocupar-se antes do tempo justo.

É querer controlar a vida com sua imaginação.

A vida não é controlável. Muito menos com fantasias.

A vida é livre.

Ela só fica harmônica quando você participa dela cooperativamente e não autoritariamente.

A vida é Lei Universal.

Só quando se obedece suas Leis, se domina a vida.

Participe, obedecendo às Leis Universais.

E a vida o recompensará com o sucesso.

Não existe o deveria ou o deverá.

O verbo dever, no condicional, não existe.

Você cria um milhão de condições para você e para os outros.

Você acredita nelas. Você se agarra nelas.

Como elas são irreais, elas não se realizam. Aí, você se desaponta. Você se frustra.

Você briga, se culpa, se castiga, se obriga, se massacra.

E, mesmo assim, nada adianta.

Você é mimado. Isto apenas causa dor.

Toda culpa é um "deveria", que fatalmente não se realizou, não se realiza e não se realizará. Entedeu?

Toda culpa é querer que você, as coisas e os outros, sejam o que é impossível ser.

Você fantasia e aprende a fantasiar com os adultos. Eles acreditam em "deverias", e você passa para o time deles quando você é criança.

E o pior, é que ainda continua depois de adulto.

Vamos ver isto na prática.

Faça uma lista de "deverias":

1º) Eu deveria (ser ontem): _____

_____

_____

_____

2º) Os outros deveriam: _____

_____

_____

3º) O mundo deveria: _____

_____

_____

_____

4º) Deus deveria: _____

_____

_____

Ao completar, leia sua lista atentamente e note como você se sente ao saber que nada disto aconteceu ou provavelmente acontecerá.

É. Você fica frustrado, nervoso, decepcionado.

Agora, tente negar cada item.

Leia-os e diga: tal coisa não deveria ser assim, ela é o que é.

EU SOU O QUE SOU, OS OUTROS SÃO O QUE SÃO. EU FUI O QUE FUI, E O MUNDO É O QUE É.

Tente conhecer os motivos dos outros, dentro dos limites relativos de cada um.

Assim eu facilito aceitar.

Eu paro a guerra. Eu paro as culpas.

Provavelmente, você sentirá um alívio.

Saiba que as coisas podem acontecer se...

Tudo pode ser quando se sabe fazer.

Toda ação vem de uma causa.

Se você sabe ou soube causar, então algo pode ou poderá

acontecer.

Aceite seus limites e desenvolva o seu poder.

Aprenda de tudo: seja um bom aluno.

E goze o seu poder de liberdade.

Então...

Só existe o que é. Como é.

O estar sendo. O gerúndio.

O movimento mutante de cada instante.

Assuma o tempo real. Não espere o futuro.

A espera cria desejo.

E desejo encobre a verdade.

Cego, você cria ilusões.

Iludido, você causa dor.

Dolorido, você cede.

Cedendo, você volta a ver.

Não há como escapar.

O TEMPO REAL É O AGORA.

O SINO DO TEMPO ACABA DE SOAR
AGORA, AGORA, AGORA.
UM NOVO EXÉRCITO DE OTIMISMO
ACABA DE INVADIR A MENTE
PAZ, PAZ, PAZ.
UM ESCUDO DE LUZ CRIA EM MEU PEITO
O SÍMBOLO ANGÉLICO DA LIBERDADE
CORRE NA MENTE O FLUXO DA SABEDORIA
DANÇA NO CORPO OS GESTOS DE TERNURA.

E CAMINHANDO COMO MÃES
GRÁVIDAS DE SEU PRÓPRIO ÂNIMO
DOBRAMOS ESQUINAS COMO QUEM
TIRA A ROUPA SUJA E ENTRA NO BANHO

SIMPLESMENTE ESQUECENDO
ABANDONANDO O ABANDONO
E SORRINDO SEM LEVAR NADA A SÉRIO
TERMOS A CONSCIÊNCIA PLENA DE
SERMOS A PLENITUDE DA VIDA.

Não há ideal razoável.

O que há é o real.

Fique aqui e agora, você irá descobri-lo.

Não pense. Não compare, não imagine.

E o real aparece.

O real é o prazer.

Preocupar-se dá dor.

O futuro seguro é aquele que vem de um presente bem vivido.

Eu fico vivo no presente.

E atuo com eficiência.

Assim, no meu futuro, tenho a certeza de ter vivido um passado bom.

Garanta o futuro. Não pense nele.

Fique aqui e agora.

Diga apenas não ao tempo.

E incorpore o aqui e o agora.

Como?

Preste atenção ao que você sente.

Pergunte-se:

a) O que eu sinto aqui e agora? Descreva-o para você. Comece pelo seu corpo.

b) Passe algum tempo fazendo pensamentos que lhe causem profundo bem-estar.

Tais como:

– EU SOU BOM.

– EU ME ACEITO COMO SOU.

– EU GOSTO DE MIM.

– EU SOU LIVRE PARA APRENDER A CRESCER.

– TUDO É FÁCIL. EU ME PERMITO SENTIR O FÁCIL.

Enfim, faça uma lista de pensamentos que são bons para você.

Cultive-os.

SÓ O BEM É REAL.

Use sua capacidade "numa boa".

Eu volto já.

Agora vamos falar de ter

PODER

Eu fico bem comigo.

Eu cuido de mim.

Você fica bem com você.

Você cuida de você.

Eu não sou responsável pelas suas necessidades, e você não o é pelas minhas.

Eu não lhe devo nada.

E você não deve nada a mim também.

Quando eu assumo minhas necessidades, sinto que uma delas é de escrever este livro para você e colocar nestas páginas algo que o ajude.

Assim, faço o que é bom para mim.

Agora, se você ler ou não ler, se você usar ou não usar o que eu proponho, isto já é com você.

É sua responsabilidade.

O poder de ser você mesmo é seu.

O poder de responder por si.

A habilidade de dar respostas.

Resposta + habilidade = Responsabilidade.

Só você é poderoso para se dar consideração.

Eu não lhe devo nada.

Ninguém lhe deve nada.

Quem espera jamais alcança.

E está aí a causa de todas as frustrações.

Você dá o seu poder aos outros quando espera que os outros sejam desta ou daquela maneira para com você.

Seja sincero agora com você.

Pare e pense:

Quanto e de que modo você espera a consideração dos que estão a sua volta?

Parentes, por exemplo.

Fique consciente agora do seu modo de ser desconsiderado, ou melhor, de ser rejeitado.

Faça disso um exercício mental demorado.

Volte a ler só quando estiver satisfeito.

O nosso meio ambiente acredita que ser bom é fazer tudo o que os outros querem e nos incentiva a inferiorizar-nos, desprezando-nos.

O sacrifício é visto como espiritual.

A dor, como benção.

A mortificação, como a única saída para educar-nos.

De que forma você se mortifica?

Faça uma lista delas:

_____

_____

_____

_____

_____

_____

Cuidado que neste trecho costumamos mentir para nós.

Pense e pergunte, olhando sua lista tópico por tópico:

– Eu quero com isto me desculpar de que falta?

Escreva do lado de cada item. Terminando volte a ler.

Culpar-se é se punir e se desconsiderar toda vez que não se faz o que o nosso orgulho queria que fizéssemos.

Você é a pessoa que mais se desconsidera.

O orgulho é cego. O orgulho exige o irreal, o falso, o inadequado, o absurdo, tudo o que está além da sua capacidade real.

O orgulho imagina. Ele não é você.

O orgulho é um estado de consciência onde as ilusões dominam. Obscurecem os sentidos.

Toma o espaço que era da Alma, de Deus, de si mesmo.

E ele exige. E você obedece. Caso contrário, ele o culpa.

Oprime você no peito.

Pune. E você o aceita.

E você deixa.

Ele nada é sem sua crença. É você quem o nutre.

Agora, pegue um item da sua lista.

Veja o orgulho mandando.

Ele sempre usa o verbo dever no condicional: deveria.

Ele é irresponsável com você.

Ele o tem por inferior, incapaz e estúpido. Ele acha que fora

do controle dele, tudo é perigoso.

Por isso, ele sempre ameaça você.

Faça isso senão... (você sofrerá).

O CANSAÇO É O PREÇO DO ORGULHO
O EXCESSO É O PREÇO DA VAIDADE
O ÓDIO, O PAI DA RUÍNA
ACONTECE EM CADA ESQUINA

A CRIANÇA MIMADA NÃO ACEITA OS PAIS
OS PAIS CRIANÇAS DISPUTAM COM OS FILHOS
A BRIGA LOUCA PELO PODER DOMINA
ACONTECE EM CADA ESQUINA.

A MULHER EM BUSCA DO COMODISMO CHOROSO
O HOMEM EM BUSCA DO PODER OCIOSO
O JOVEM EM BUSCA DO NADA SE FASCINA
ACONTECE EM CADA ESQUINA.

LUTAS NÃO LEVAM A LUGAR ALGUM
PORTAS QUE NÃO LEVAM A LUGAR ALGUM
CADEIRAS QUE NINGUÉM SENTA
É ANGÚSTIA QUE NÃO SE ELIMINA
ACONTECE EM CADA ESQUINA.

E, POR ENTRE OS QUARTEIRÕES DA VIDA,
SE BUSCA E SE ACHA O QUE FOR
QUEM VIVE DE ESQUINA EM ESQUINA
AINDA NÃO CONHECE O AMOR...

Culpa, orgulho, vaidade.

Tudo bobagem.

Se há desconforto em você, é o orgulho quem produz. Se há sofrimento em você, é ele quem causa. E você o obedece, o aceita, o defende.

Tente ficar com sua vontade.

Tente desafiar os "deverias".

– EU NÃO DEVO E NÃO DEVIA NADA. EU SOU O QUE SOU.

– EU FUI O QUE PUDE SER.

– FAÇO O QUE SINTO QUE É MELHOR.

– E FIZ O QUE FIZ COM A CABEÇA QUE TINHA NA ÉPOCA.

– EU NÃO DEVO NADA.

– EU NÃO QUERO TER MODELOS.

– EU SOU COMO SOU.

– EU ME DESCULPO E NÃO ACEITO CULPAS.

– EU NÃO TENHO QUE NADA, DE JEITO NENHUM.

E isto é a chave da liberdade real. Guerra aos modelos!!!

Mate a todos. Como?

Desprestigiando-os. Ignorando-os. Desvalorizando-os.

Seja informal! Deixe-se ser natural.

Não queira fazer. Deixe ser.

Fique sempre do lado do que é.

E nunca do lado do"deveria".

Respeite você.

Não é porque você é seu, que você pode tratar-se como alguém de segunda categoria. Mas nas suas ilusões, você se vê inferior.

Se você não se dá o valor para receber o próprio respeito, então:

A vida não o respeita. Os outros não o respeitam.

O sistema imunológico não o protege.

A providência Divina falha.

Você está perdido.

Só a dor vai educar você.

Pare agora e se dê uma chance. De verdade.

Ao invés de orgulhar-se de si. **AME-SE.**

BOM MESMO É AMAR.
É SE DESDOBRAR DO AVESSO PARA O LADO CERTO.
É EXPANDIR-SE NO GESTO GENEROSO E CALMO.
NO CONFORTO SEGURO DA CERTEZA DE SI,
DESFRUTAR DA LUMINOSIDADE GENTIL DA ELEGÂN-
CIA NATURAL.
É PERMITIR-SE GOZAR DO PRAZER DA VIDA,
MESMO DE OLHOS FECHADOS.
É ATINGIR A SUPERIORIDADE DIVINA,
MESMO NAS TREVAS.
É TRANSBORDAR DE ALEGRIA E HARMONIA,
MESMO INSEGURO.
É O EQUILÍBRIO DE OLHOS FESTIVOS,
MESMO CEGO.
NA CONSCIÊNCIA DE SEU PRÓPRIO PODER,
SABER QUE SE PODE E SE QUER,
SEM QUE A ESCURIDÃO DO MEDO
CONTINUE O SEU RITUAL SECO E FÚNEBRE.
AMAR É, ENFIM, SER HERÓI DIANTE DO PRÓPRIO
ORGULHO...

RESPEITAR-SE É SE ACEITAR COMO É, AO NATURAL

SER REAL. SEJA CONSIDERADO CERTO OU ERRADO

PELOS OUTROS.

Pare de dar seu poder aos outros.

Se você quiser, os outros não terão poder sobre você.

Repare à sua volta, há sempre um exemplo de alguém que

é o que é, e não liga para os outros.

Liberte-se do escravismo.

Os outros não têm poder sobre você.

É o seu poder que você vê neles. É o seu poder que você projeta nos outros.

Diga:

EU ME ASSUMO COMO EU SOU. EU SOU DONO DO MEU PODER. NINGUÉM TEM PODER SOBRE MIM. EU TOMO POSSE DE MIM. EU SOU COMO DEUS ME FAZ A CADA INSTANTE. Eu não me conheço totalmente. **EU MUDO SEMPRE. EU EVOLUO.** Eu não sei o que a Natureza quer de mim no futuro. Eu não sei onde ela quer que eu chegue. Eu não sei que pessoa ela quer que eu me torne. Eu não sou hoje o que pensei que seria, há anos atrás. Qualquer visão sobre o meu futuro é ilusão.

SE EU FOR O QUE SINTO, ESTE SENTIR, AGORA, ESTE PRAZER INTERIOR ESCREVERÁ MEU CAMINHO.

ELE É O CAMINHO.

EU ME ACEITO COMO EU SOU.

NA DOR E NO PRAZER.

EU ACEITO ME VER COMO EU SOU.

EU ACEITO ME ESCUTAR.

NÃO HÁ NADA ERRADO EM MIM.

Ver erro é ver com o orgulho.

TUDO O QUE EU FAÇO TEM SEMPRE UM PROVEITO.

TUDO O QUE EU FAÇO, ESTÁ CERTO.

O QUE EU CHAMO DE ERROS SÃO NA VERDADE MEUS MESTRES.

EU RESPEITO MINHA NECESSIDADE DE ERRAR E APRENDER.

EU ASSUMO TODO O PODER SOBRE MIM.

EU SOU RESPONSÁVEL POR MIM.

EU NÃO SOU RESPONSÁVEL PELOS OUTROS.

Eu crio o meu filho pois assumo os meus sentimentos de mãe (pai).

EU TENHO SENTIMENTOS. EU RECONHEÇO MEUS SENTIMENTOS. EU NÃO TENHO OBRIGAÇÕES.

EU SINTO, LOGO EXISTO.

Diga adeus a "Descartes" com o seu "penso, logo existo".

Eu existo porque sinto, mesmo que não pense.

MEU SENTIR TEM MUITOS NÍVEIS SUPERFICIAIS OU MAIS PROFUNDOS.

EU ASSUMO TODOS. EU SOU LIVRE PARA SENTIR.

Medite nisso. Deixe você digerir isto. Não tenha pressa.

Deixe você ter o sabor de viver.

Você não vai a lugar nenhum.

Talvez você sinta que haja grandes empecilhos em seu sentir.

Tudo parece difícil, entravado, bloqueado para você ser livre para sentir.

Você acredita no difícil. Assim, ele existe.

E se você não crer mais nele?

É... talvez você esteja muito frustrado, magoado, descrente.

Sinto que a sua descrença, vem de suas ilusões não realizadas, de suas desilusões.

Dos "deverias" que não foram.

Dos "tem que" que não se realizaram.

E você não quer mais sentir, perdeu a alegria, não gosta da vida.

Não gosta das pessoas, tudo é negro e pálido.

Sonhos nos matam. Abandone seus sonhos.

Pare de se vitimizar. O sonho é vazio.

Recuse as desilusões e junte a elas as esperanças.

Não espere. E sinta o seu peito. Agora.

Existe algo mais do que desejos. Existe o que é.

O que é não é desilusão.

É algo além. É algo mais. Fique quieto e sinta.

O que existe além, descreva-o aqui ⎯⎯⎯⎯⎯⎯⎯

⎯⎯⎯⎯⎯⎯⎯⎯⎯⎯⎯⎯⎯⎯⎯⎯⎯⎯⎯⎯

⎯⎯⎯⎯⎯⎯⎯⎯⎯⎯⎯⎯⎯⎯⎯⎯⎯⎯⎯⎯

CONFIAR NA VIDA É CONFIAR NO SENTIR.

Sentir com os cinco sentidos.

Sentir com o sexto ou com o sétimo também. Sentir.

Pare de pensar e sinta. Assim o pensamento flui com o sentir.

QUANDO VOCÊ SENTE, É DEUS SENTINDO EM VOCÊ.

SEJA DIVINO.

> EXISTE SÓ UM GUIA CERTEIRO
> AQUELE QUE MORA EM SEU PEITO
> SENHOR DA SABEDORIA DO PODER.
>
> NA CASA DAS SETE VIRTUDES
> BARCO SEGURO NO MAR DO AMOR
> FAROL DE LUZ APONTANDO O CAMINHO.
>
> ESTRADA FLORIDA DE ANDAR SUAVE
> ESPAÇO SEM LIMITES OU BARREIRAS
> DEIXE-SE ENCHER DE SI MESMO.
>
> DEIXE O MAGO ASSUMIR O COMANDO
> DEIXE DE LADO OS ESPINHOS
> E ACREDITE NO PRAZER INTERIOR.

É a alma que se expressa. O pensamento coisifica.

Aí, a cabeça começa a pensar no real.

Começa a sair da ilusão.

Ilusões nascem quando a cabeça pensa sem estar concentrada no que sente.

Aí, ela começa a repetir os outros.

Os livros, os pais, os amigos, os líderes.

Seja você mesmo.

A LOUCURA É CHEIA DE MÃOS
CADA UMA AGARRA UM CANTO
CADA CANTO É UMA PRISÃO
ONDE O NOVO CAUSA ESPANTO

CADA PENSAMENTO É UM MACHADO
A RETALHAR AS SENSAÇÕES
PENSAMOS ESTAR BEM GUARDADOS
MAS FICAMOS NO ABISMO DAS TENSÕES.

UM DESEJO É UM GESTO VAZIO
QUE COMEÇA NO ANSEIO
E, DE REPENTE, SE TORNA FRIO
FRUSTRANDO-NOS SE PERDE NO MEIO.

NO FINAL HÁ SÓ LÁGRIMAS
DE QUEM PARECE QUE VIVEU E MORREU
O TEMPO SE ESVAI EM NADA
MOSTRANDO QUE NADA VALEU.

PARE AGORA DE GOVERNAR
DEIXE A VIDA FLUIR POR SI
SE DEUS CRIOU AS NECESSIDADES
IRÁ REALIZÁ-LAS NA ETERNIDADE...

Assuma o que sente.

Assuma o que você sente e sinta como isto é bom.

O sentir nos educa.

Nos mostra o adequado a cada instante.

O resto é ilusão. E ilusão é sinônimo de sofrimento.

Quem assume a necessidade dos outros é porque não assume as suas.

Os outros cobram. Eles querem que você cuide deles.

Eles exigem. Resista.

Não assuma a vida deles para desprezar a sua.

Seja humilde.

Seja só o que você é. Assumindo a sua existência.

A MELHOR CORAGEM
É AQUELA DE SER SI MESMO
DE SE APOIAR A SER O QUE SE É

SER FORTE
É USAR A PRÓPRIA FORÇA
É RECONHECER QUE TODOS SÃO IGUAIS.

EM DIREITO E VALOR
É SER O QUE A NATUREZA
REALMENTE É EM NÓS
FORÇA, LUZ E AMOR.

Você está em você.

Eles ameaçam.

Eles xingam.

Eles chamam você de egoísta.

Eles querem controlar você.

Eles não o amam.

Eles não o respeitam.

Eles não o conhecem.

Não os escute.

Escute-se.

Dê-lhes o que lhes é de respeito.

Não faça por eles.

Deixe-os fazer por si.

Deixe-os descobrir o próprio poder.

Faça-os fortes.

Eles são mimados.

Eles querem que as pessoas façam por eles.

Se você sentir vontade, ensine-os a fazerem por si. Respeite-os mesmo quando eles não se respeitarem.

Se você não resistir, então, você está dominado pelo pieguismo.

Coitado. Coitada. Coitadinho. Coitadinha.

Coitado(a) é aquele que recebeu o coito!

É o pobrezinho. Aquele que é inferior. O estúpido, aleijado, deficiente.

Equivale a dizer que a Natureza errou e o fez defeituoso.

Talvez você pense que você também é coitado.

Você tem pena de você?

Tente ser sincero. Não se esconda.

Quantas vezes nos sentimos miseráveis?

A autopiedade é a causa de todos os males.

É a ilusão de inferioridade outra vez.

Piedade ou pena, não é amor. É vitimismo.

Nós acreditamos que ter pena é ter consideração com os outros ou conosco.

Achamos que ter pena é mostrar amor.

Na realidade não é.

Ter pena é desprezar. É tirar o poder de si mesmo.

Tanto é verdade que se alguém se casou por amor e vier a descobrir que seu cônjuge casou por pena, no mínimo vai querer arrancar os olhos do seu benzinho!!!

Pena não é amor ou consideração.

Pena é desprezo.

É ser vítima do mundo.

Ter pena é aceitar a pessoa como inferior.

E tudo não passa de ilusão.

Todos são poderosos em si mesmo.

Pare de ter pena de si. Pare de bancar a vítima.

Não agrave mais a situação.

Promova-se. Recuse-se a ser coitado.

Recuse-se a ver os outros como coitados.

Não caia mais nos jogos de manipulação dos outros.

Se puder, ame; se não puder, fique na sua.

Respeite os outros.

Respeite-se.

VOCÊ É A PESSOA MAIS IMPORTANTE NA SUA VIDA.

Pode parecer difícil.

Você pode ter medo da reação dos outros.

Isto porque você dá o seu poder a eles.

Resista.

Fique com você.

Não se abandone.

A única pessoa digna de total confiança é você.

Você não quer resistir.

É você tem este direito também.

Afinal de contas, a vida é sua.

Eu não tenho nada com isso.

Sinto-me bem em escrever isto.

Eu não tenho nada com você.

Eu não quero nada com você.

Somos livres.

Por isto, eu fico com você só por prazer.

Só por prazer e nada mais.

Pense nisto.

O OUTRO
PODE SER O ESPELHO DA MINHA DESGRAÇA
OU O ANJO QUE ME ABRAÇA.

O OUTRO
PODE SER O RISCO DA INCOMPREENSÃO
OU O ABRIR DO MEU CORAÇÃO.

O OUTRO
PODE SER O VAZIO DE UMA REJEIÇÃO
OU O CARINHO DE UMA EMOÇÃO.

O OUTRO
PODE SER A ARIDEZ DE UMA REPRIMENDA
OU O LIMITE QUE ME ENFRENTA.

O OUTRO
PODE SER A FONTE DE MINHAS NECESSIDADES
OU A LUZ DE MINHA LIBERDADE.

OS OUTROS
PODEM SER UM PEDAÇO DE MIM
QUE ASSUME OUTRA IDENTIDADE
AO ME AFASTAR DELES
EU OS ENCONTRO EM IRMANDADE.

Se você chegou até aqui é porque você está a fim de ir mais fundo.

Todo mundo fala, desde que você nasceu:

"O ser humano é imperfeito". E você acreditou.

E diz sempre: – "Eu sou imperfeito (a)".

Daí, você não se ama. Daí você não ama ninguém.

Como gostar de algo defeituoso?

Só gostamos do que nos parece bonito.

O imperfeito não é bonito.

Você se gosta? Cem por cento?

Não. É uma resposta mais comum.

Você acha que gosta?

Achar que... é imaginar que é, não é sentir. É fantasiar.

Então não vale.

Tente de novo. Veja o que você sente em seu coração.

Tá ruim né? Mas é muito comum.

Se isto pode lhe servir de consolo.

Se você se amasse realmente, teria paz total dentro de você.

Teria saúde total em seu corpo e em sua mente.

É, o corpo pode estar bom, mas como vai seu emocional?

Quem não se ama, sofre.

Vive em busca do amor dos outros.

É um carente. Um chato. Um pedinte. Um dependente. Um ser auto-rejeitado, que, por mais que ganhe amor, será sempre rejeitado e insastisfeito.

E você não pode nem amar nem respeitar algo que é considerado imperfeito.

Você é único. Incomparável.

Mas quando você se compara, cria a ilusão de imperfeição.

Portanto, é importante meditar e incorporar a realidade de que você é único.

Quando é que você nasceu?

Não só nesta vida.

Quando é que você começou a aparecer no Universo?

A evolução é um processo eterno.

Temos muitas vidas que já vivemos.

Aqui ou em outros lugares.

Outras dimensões, outros planetas.

Éramos algo, antes de termos consciência.

A consciência nasceu em algum lugar ou em algum tempo dentro da evolução.

Sinto que a evolução começa quando aparece a consciência.

Nasce também a noção de individualidade.

Evolução é o nome dado ao desenvolvimento da consciência (lucidez) dentro do tempo.

Mas quando foi que tudo começou?

Não sabemos. Ninguém sabe.

Quando é que ela vai terminar? Ninguém sabe.

Por certo que, quando terminar, terminará também o tempo.

Algo diferente acontecerá conosco.

Não sabemos. Não conhecemos realmente os propósitos da vida cósmica.

Se eu não conheço toda a escala da evolução, como eu posso dizer que eu estou atrasado ou adiantado?

Se eu não conheço os propósitos da vida, como eu posso afirmar que eu tenho defeitos?

Parece que o que consideramos imperfeito não passa de uma maneira insuficiente e ilusória de tentar se classificar. Mais correto é pensar que eu sou perfeito no meu estado de evolução.

Um bebê nasce sem dentes. Isto é natural na idade dele.

Eu não sei muita coisa.

Isto é natural na minha idade.

Um bebê não sabe falar.

Isto é natural na idade dele.

Eu não sei lidar com minha raiva.

Isto é natural em minha idade.

Um bebê não sabe andar.

Isto é natural na idade dele.

Eu não sei lidar com a mente e crio ilusões.

Isto é natural em minha idade cósmica.

EU SOU PERFEITO, SEGUNDO MINHA IDADE CÓSMICA.

SOU PARA SER QUEM SOU, SEGUNDO O MEU GRAU DE ADIANTAMENTO NA EVOLUÇÃO E SEGUNDO O MEU MODO ÚNICO DE SER.

EU SOU, SEMPRE FUI E SEMPRE SEREI PERFEITO.

TUDO É PERFEITO. TUDO ESTÁ CERTO SEGUNDO CADA INDIVIDUALIDADE.

Agora, pare e sinta.

EU SOU PERFEITO (A).

Deixe ir embora todas as atitudes resultantes da ilusão de imperfeição.

Repita, sentindo estas frases:

– **EU SOU BOM O SUFICIENTE PARA SER QUEM SOU.** – Esta é quente!

– **EU NÃO DEVERIA SER DIFERENTE.** – Esta é lógica!

– **EU NÃO TENHO CONDIÇÕES DE SER DIFERENTE.** – Esta é óbvia!

– **EU SOU COMO SOU.** – Esta dá confiança!

– **EU SOU BOM O SUFICIENTE PARA SER EU.** – Esta dá a medida do possível!

– EU NÃO PRECISO ME OBRIGAR A MUDAR. – Esta dá calma.

– EU VOU CRESCENDO NATURALMENTE. – Esta é fatal!

– EU ESTOU SEMPRE CERTO. – Esta dá alívio, mas produz dúvidas nos inexperientes.

– EU NÃO DEVERIA SER MELHOR. – Nem poderia!

– TUDO O QUE EU FAÇO É O MELHOR QUE EU SEI.

– Esta é a base da humildade.

– EU ESTOU SEMPRE CERTO, MESMO QUANDO DÁ ERRADO.

SEM ERRAR, EU NÃO APRENDO A ACERTAR.

É CERTO ERRAR PARA APRENDER.

– NÃO É ERRADO ERRAR. – Esta eu adoro!

– É CERTO ERRAR TAMBÉM, NO MEU GRAU DE EVOLUÇÃO.

– EU SOU CERTO E BOM SEMPRE. – Esta é uma oração!

– EU SOU VÁLIDO (A) SEMPRE. – Nesta eu me realizo!

Deixe essas frases tomarem o seu corpo todo.

Elas são como remédio às angústias.

Banhe-se nelas. Repita-as com freqüência.

Deixe-as fazerem parte de você.

É assim que Deus vê você. Veja-se como Deus o vê.

Isto é absoluto e não relativo.

Isto é real, mesmo que você não aceite.

Não resista. **RESPEITE-SE. AME-SE. VOCÊ É SEU TEMPLO. CULTIVE-SE COM AMOR.**

Assim, você tem paz e conforto interno.

O resto é metafísica dos infelizes.

Tenha a coragem de sair da massa.

Ser individual. Único. **AME-SE.**

Todos também são perfeitos.

Cada um segundo o seu grau de evolução.

Isto é a chave do entendimento grupal.

É a chave de fraternidade real.

Muitos não sabem as coisas que você sabe.

Muitos sabem mais do que você.

Outros sabem menos.

Cada um está na sua própria vida.

> O TEMPO É A SENSAÇÃO PERCEBIDA DOS FATOS,
> NA SEQÜÊNCIA DO QUE NÃO VEMOS.

> HÁ UM REFLEXO DE LUZ
> EM CADA SORRISO.
>
> HÁ UMA NOVA CHANCE
> EM CADA SORRISO.
>
> HÁ UM ESPAÇO AMOROSO
> EM CADA SORRISO.
>
> HÁ A POSSIBILIDADE DE SUCESSO
> EM CADA SORRISO.
>
> HÁ O FIM DOS PROBLEMAS
> EM CADA SORRISO.
>
> NÃO IMPORTA QUAL SEJA
> A NATUREZA DE SUA DOR,
> ELA SÓ DESVANECERÁ
> DIANTE DO SEU SORRISO!

Aceite e respeite.

Isto lhe dá elegância. Elegância é um ato interior, de moral

espiritual. Ela é confortável, amável e justa.

É bom se sentir justo, né? Limpo, bom e justo.

MEU CORPO
É O PALCO ONDE DANÇAM TODAS AS SENSAÇÕES.

SOU REI
MAS APENAS EM MEU REINO.

SOU CALMO
MAS APENAS NA EXTENSÃO DE MINHA
COMPREENSÃO.

SOU MENTIROSO
MAS APENAS ONDE NÃO SEI FALAR A VERDADE.

SOU RÁPIDO
MAS APENAS ONDE MEUS BRAÇOS PODEM
ALCANÇAR.

SOU ESFORÇADO
MAS APENAS ONDE EU ESTOU MOTIVADO.

SOU ENGRAÇADO
MAS ATÉ ONDE AS FERIDAS NÃO ME FAZEM CHORAR.

SOU FELIZ
MAS ATÉ CANSAR DE SORRIR.

SOU BONDOSO
SÓ ATÉ EU NÃO ME SENTIR BOBO.

SOU CORAJOSO
MAS ATÉ ONDE MEU INIMIGO NÃO O É.

SOU ENFIM HUMANO
ATÉ ONDE DEUS ME FEZ ASSIM...

Leva algum tempo para você realmente assimilar que você é bom o suficiente.

Mas seja qual for o caminho que você escolha, você terá que chegar lá.

A realidade sempre destrói as ilusões.

Você é bom o suficiente.

Então, pense comigo:

EU SOU LIVRE PARA AGIR.

LIVRE PARA SENTIR.

LIVRE PARA ME EXPRESSAR.

EU POSSO ME MOSTRAR COMO SOU.

EU POSSO ME ACEITAR COMO EU SOU.

EU POSSO CONTAR COMIGO, SEMPRE.

EU SOU BONITO SEMPRE.

EU NÃO "TENHO QUE" NADA.

TUDO EM MIM É HARMÔNICO.

TUDO VAI MELHORANDO SEMPRE.

EU ESTOU BEM COM A VIDA.

EU POSSO TENTAR TUDO QUE EU QUERO.

EU ME AMO COMO SOU.

EU CONFIO EM MEUS SENTIDOS.

EU SOU DIGNO DE TODO BEM AGORA.

AQUI E AGORA EU SOU ÚNICO E BOM.

Leia muitas vezes estas frases acima.

Escreva-as e cole-as em volta de você.

Deixe a sua mente se acostumar com elas.

Sinta-as cada vez que pensar nelas.

Fale e aja sentindo-as.

As ilusões não são mais fortes que você.

Lembre-se de que as ilusões existem com sua força de crença nelas.

Descreia do ruim.

Creia no bem.

Afinal de contas, você é o capitão da sua nau.

Levou muito tempo para convencer você das ilusões de imperfeição.

Há muitas vidas você as cultiva, mas hoje, pode ser o dia da virada.

TOME UMA ATITUDE.

CRIE UMA REVOLUÇÃO INTERIOR.

Acredite em viver sem sofrer.

Só quem tem o mal na cabeça, acredita nos males da vida.

Só quem é violento, acredita em violência. E acaba violentado. Criticar-se é violentar-se.

Os outros o desprezam, como você se despreza.

Os outros o desvalorizam, como você se desvaloriza.

Não adianta contar vantagens, exaltar seus feitos, que ninguém vai achá-lo melhor por isso.

É a sua energia que faz isso. A energia que você passa.

Se você se valoriza, então, os outros o valorizam.

Se você se aprova, os outros o aprovam.

Se você se dá atenção, os outros também.

A vida só é boa para quem é bom consigo.

Quem é bom consigo, é bom com os outros.

Este é o segredo do sucesso.

Tratar os outros bem, na esperança que eles também o tratarão bem, é loucura.

OS OUTROS O TRATAM COMO VOCÊ SE TRATA E NÃO COMO VOCÊ OS TRATOU.

Leia de novo. Leia muitas vezes esta frase.

Goste ou não goste, é assim que funciona.

Observe à sua volta. Reestude os fatos de sua vida.

Isto explica as pessoas que você acabou de colocar em sua vida.

Quem você atraiu para você e o modo como elas o tratam.

Elas só reproduzem o que você faz com você.

Pare de brigar.

Pare de cobrar.

Pare de esperar milagres de Deus.

Não se engane.

Apenas, trate-se melhor.

Acabe com o "benzinho".

Acabe com o "coitadinho".

Seja real.

Valorize o que você sente.

Agora me sinto poeta.

> NÃO HÁ PORTAS QUE NÃO SE ABRAM
> NÃO HÁ LUZ QUE NÃO TRANSPASSE
> NÃO HÁ FORMAS QUE NÃO NASÇAM
> NÃO HÁ PROBLEMAS QUE NÃO SE RESOLVAM
> NÃO HÁ PESSOA QUE NÃO MUDE
> NÃO CRIANÇA QUE NÃO CRESÇA
> NÃO HÁ JANELA QUE NÃO SE FECHE
> NÃO HÁ ERRO QUE NÃO SE PERDOE
> NÃO HÁ HORA QUE NÃO PASSE
> NÃO HÁ DORES QUE PERDUREM
> NÃO HÁ LUTA QUE NÃO SE PERCA
> NÃO HÁ FLOR QUE NÃO MURCHE
> NÃO HÁ NADA QUE NÃO MUDE
> NO RELÓGIO DA MENTE
> A MUTAÇÃO É A PRÓPRIA VIDA
> DANÇANDO NA CONSCIÊNCIA DOS HOMENS.

Aprenda a aceitar o não.

Diga não quando sente o não.

Diga sim só quando sente o sim.

Seja real. Respeite-se.

Agora, uma questão existencial.

Uma opção para você fazer:

Seja claro e sincero com você.

Você quer ser certinho ou quer ser feliz?

Se quer ser certinho, continue a fingir, passar pelo que não é, para ganhar dos outros a consideração que você se nega.

Continue a ser dependente, inseguro(a), ansioso(a), pelo bom tratamento que os outros poderiam lhe dar e medroso da rejeição que os outros, de uma forma ou de outra, sempre lhe dão.

E prepare-se para uma vida falsa, solitária, vazia e morta.

Agora, se você quer ser feliz, então aceite-se como é.

ACEITE O SEU SIM E ACEITE O SEU NÃO.

O resto é mediocridade.

Os outros vão reclamar? É claro que vão.

Eles estão acostumados a usar você. A tratá-lo como algo útil. Objeto necessário. Eles não o amam. Você não existe.

Você se esconde. Se rejeita.

Você é falso.

Como poderiam amar o que não conhecem?

Lembre-se de que os outros sempre reclamam, não importa como você seja.

Portanto, **SEJA REAL.**

Se dê a chance de ter amor real.

Amizade real. Uma vida real.

Uma vida cheia de si mesmo e cheia de pessoas verdadeiras.

Deixe de ser reflexo. Seja a luz.

Quem diz não em você? Quem diz sim em você?

O que é este algo que gosta ou que não gosta?

Este algo no peito e no corpo inteiro que se manifesta e prefere isso a aquilo?

Sua Alma, é claro! Sua ânima.

A casa do "animus" – ânimo.

A casa de animação, vontade e vida.

SUA ALMA É A ALMA DO UNIVERSO.

SUA ALMA É DEUS.

DEUS É SEU MUNDO PROFUNDO.

DEUS É ESPONTÂNEO.

DEUS É O REAL EM VOCÊ. DEUS É O FELIZ EM VOCÊ.

ESCUTE-O. TORNE-SE REAL. TORNE-SE DIVINO!

PASSO A MÃO PELA TESTA
E SINTO O SUOR DA TENSÃO
UM GRITO SECO E SURDO ME ATORDOA
O DESEQUILÍBRIO EXPANDE SUA FORÇA

PASSO A MÃO PELA TESTA
E O SUOR GOTEJA EM MEUS OLHOS
NA CRUZ QUE EU MESMO FIZ
COM PEDAÇOS DE DORES E APREENSÕES

PASSO A MÃO PELA TESTA
E O SANGUE DA IMAGEM MEDROSA
ABRE SEU CIRCO DE HORRORES EM MIM
ACOVARDANDO-ME NO ÓDIO REPRIMIDO

PASSO A MÃO PELA TESTA
E ME OCORRE UM PENSAMENTO
"DEUS É A LUZ QUE AQUECE O DESALENTO
NO CONFORTO DA RIQUEZA UNIVERSAL"

PASSO A MÃO PELA TESTA
E O SUOR SECOU...

Agora, voltamos a falar de nós.

Eu gostaria que você não tivesse nenhum problema.

E será que eles existem mesmo?

Você vai dizer que sim. Você vai me responder que eles são reais para você.

Mas será que eles existem independente de você? Ou é sua maneira de ver as coisas que é problemática?

Se outra pessoa estivesse nas mesmas condições que você está, será que você consideraria problemática?

Se estar casado é um problema para você, o que pensará uma pessoa carente, solitária e desesperada por uma companhia?

Para ela, você é o sortudo, e ela, o problema.

Toda situação pode ser problemática.

Depende de como e de quem a vê.

Problema é o modo de tratar as coisas.

Problema é tudo o que você não concorda, não queria que fosse assim, o que você não conhece e o que demanda esforço.

É tudo o que você não quer admitir como real.

Na verdade, não há problemas fora de você.

Não existe nada problemático, é só a sua maneira de ver.

O único problema é achar que existe algum.

Seja simples.

Aberto para aceitar a vida e participar dela, de todas as maneiras que ela se manifesta em você.

Complicar é um modo de fugir. Fugir é uma forma de adiar.

Adiar é uma forma de tensionar.

Tensionar sempre demanda catarse.

Catarse é sempre dramática.

O drama é sempre dolorido.

Você pode escolher: a dor ou o amor.

Tudo corre segundo suas escolhas.

DEUS FLUI EM VOCÊ PELAS SUAS ESCOLHAS.

DEUS NÃO FAZ PARA VOCÊ.

DEUS FAZ ATRAVÉS DE VOCÊ.

Você escolheu. A vida assume.

Não há problemas.

Saia desta hipnose.

Diga, sinta e pense:

EU ESTOU PRONTO PARA ACEITAR A VIDA COM SIMPLICIDADE.

Primeiro, a gente acha que é rejeitado.

Sem perceber que nós, é que nos rejeitamos.

Aí, nos escondemos, nos empurramos para trás, nos recalcamos.

E com isto, perdemos a sensibilidade. A sensualidade geral.

Ficamos obtusos, insensíveis.

Depois, nós pensamos, pensamos e pensamos. Achamos que, imaginamos que, perdemos os sentidos.

Substituímos sensações e vida real por pensamentos e ilusões.

Aí, tudo perde a graça e o colorido.

Então, nos compensamos, dramatizando.

Qual é o seu grande drama?

Qual é o seu principal papel?

O de vítima, é claro! Você pode achar que é herói.

Mas o herói é a vítima extrovertida.

Nós amamos ser a vítima.

Nós amamos ser o protagonista de nossos dramas.

Somos a estrela do nosso show.

Pense bem.

Não tenha vergonha de si.

Todos nós adoramos fazer isto.

Parece que nossa vida se torna mais interessante.

Talvez seu papel seja:

A criança inocente vítima dos pais.

A esposa "sacrificiosa".

A mãe escrava e sofredora, que piedosa em seu amor, vive

a heroína do lar. – Esta é bem cotada na bolsa de valores

humanos!

O pai, chefe de família, que se mata para manter seu lar.

O trabalhador explorado pela vida. Pelo patrão, etc...

A vítima de um destino atroz.

O bondoso coitado que os invejosos abusam.

Seja qual for o drama, ele é apenas um texto que você criou.

Ele é um nada. Ou melhor, ele é engraçado.

Todo drama, quanto mais forte, mais próximo fica do cômico.

Qual é o seu caso?

Você é dramático, vitimoso?

Você sabia que se morre como se viveu?

Quem é dramático morre de forma dramática.

Por isso, o mundo está cheio de doenças e acidentes infelizes.

O vitorioso e simples sempre morre em paz, de forma fácil e sem dor.

Então, pare de ser coitado, de se rejeitar e de rejeitar a vida.

Seja simples.

Sinta e repita.

EU SOU SIMPLES E ACEITO A VIDA COMO ELA É.

EU COOPERO COM A VIDA.

EU ESTOU PRONTO PARA A VIDA.

EU SEI QUE A VIDA É MINHA COMPANHEIRA.

ELA É UMA EXTENSÃO DO MEU EU.

ELA É O MEU EU VISÍVEL.

EU TAMBÉM SOU VIDA.

VIVO = EU + VIDA.

Pense sem separar:

Pense unificando.

E você se sentirá mais real.

Satisfeito. Amplo.

NADA PODE ME ESPANTAR.

NADA PODE ME CHOCAR.

NADA É ARTIFICIAL.

NADA É SUJO.

NADA É PROIBIDO.

NADA É FEIO.

"NADA É UM MODO DE ASSUMIR TUDO".

UM OLHAR PODE CONCEDER
O OUTRO PODE CEGAR

UM GESTO PODE ACOLHER
O OUTRO PODE MATAR

UM PASSO PODE AVANÇAR
O OUTRO PODE PISAR

UMA PALAVRA PODE APROVAR
A OUTRA MORTIFICAR

DE UM OU OUTRO MODO
CADA ATO É UMA FORÇA

QUE CRIA
OU DESTRÓI

PORÉM DENTRO DA VIDA
A VIDA NOS FAZ APRENDER

TUDO VAI E VOLTA
NA MEDIDA DE CADA AÇÃO

ASSIM A VERDADEIRA ESCOLHA
É AQUELA QUE O AMOR DECIDE.

O ato de aceitar é a capacidade de permitir que minha consciência e atenção entrem em contato com a coisa em questão.

Quando eu me aceito, eu me permito ficar consciente, eu me permito participar da vida.

Do contrário, nós temos que falar em alienação.

Quem não aceita, se aliena.

Aceitar não é assumir.

Aceitar não é endossar ou dar forças.

EU ACEITO TUDO, PORÉM, NÃO ASSUMO TUDO COMO O MELHOR PARA MIM.

EU ACEITO TUDO, MAS NÃO ENDOSSO TUDO COMO VÁLIDO OU REAL PARA MIM.

EU ACEITO TUDO, MAS NÃO DOU FORÇAS PARA QUE CONTINUEM A SER OU NÃO.

EU APENAS ACEITO.

Quanto mais cômica for uma situação, mais perto do dramático se encontrará.

É só uma questão de opção.

Agora, experimente algo novo.

Localize a sua vítima.

Deixe-a contar sua história na cabeça, mas não creia nela.

Ria dela.

Reconte a história e o texto como se fosse engraçada.

Procure a graça do seu drama.

Assim, você se livra dele. Seja uma estrela positiva.

Quando necessita estar no palco das atenções, escolha um papel engraçado.

Ria de si, com os outros.

Faça os outros rirem e seja amado por isto.

O riso cria o amor.

O drama cria a angústia.

Se considerar vítima não é se amar, nem se proteger.

É se mimar.

Se você se coloca como vítima, a vida o "vitimiza".

Foi você quem se colocou, não a vida.

Tudo está em suas mãos.

De tudo se tira vantagens, ou se constrói o fracasso.

O que você quer?

Ser uma pessoa de sucessos, ou uma pessoa de fracassos?

Um vitorioso ou um fracassado?

O vitorioso sempre vê o proveito de tudo e não liga para enventuais perdas.

O fracassado é aquele que só se fixa nas perdas.

Se temos dinheiro ou para comprar pizza ou ir ao teatro, então:

O vitorioso decide comer pizza, ele esquece o teatro e dá graças a Deus e à pizza, deliciando-se em comê-la.

O fracassado, se decide comer pizza, chora o teatro que não pôde ir. Estraga o prazer de comer a pizza por estar frustrado por não ter ido ao teatro.

Eu me aceito como sou. Eu o aceito como você é.

Mesmo sabendo que somos diferentes.

Até por saber que somos diferentes.

Agora, experimente aceitar todas as pessoas que vivem ao seu lado.

Diga:

EU ACEITO... (FULANO (A), MESMO QUE EU NÃO ASSUMA COMO CERTO PARA MIM O SEU COMPORTAMENTO.

EU NÃO TENHO O PODER DE SABER O QUE É MELHOR PARA O OUTRO.

Você também.

Você não é o outro. Você não está dentro dele.

Você não sente o que ele sente.

Você não sabe o que a vida quer dele.

EU NÃO CRITICO NINGUÉM. EU ACEITO.

Eu sei que você já sabe tudo isto.

Você até fala disto para os outros.

Mas, seja sincero. Você realmente age assim para com os outros?

Sinceridade, neste caso, requer tempo e trabalho. Não responda de imediato.

Estude-se. Observe-se.

Você ficará surpreso no final de seus estudos.

Sabemos muito e somos pouco.

Observar-se só é possível, quando estamos dispostos a nos aceitar incondicionalmente.

Incondicionalmente, entendeu?

Se eu me censuro, me julgo, eu não me aceito.

Se eu não me aceito, eu não me conheço realmente.

Eu faço imagens de mim.

Minha auto-imagem é falsa.

Quando os outros me mostram quem sou, eu me surpreendo. Odeio ou envaideço.

De um ou de outro modo, sempre mostro a minha estupidez.

Eu não gosto de ver que sou estúpido, mas eu sou.

Eu não gostar de ver, não muda nada. Só agrava.

Na verdade, eu sou igual a todos, medíocre e inteligente.

Eu e você somos um pouco de tudo.

Então aceite-se. Deixe-se ver a sua estupidez.

Deixe-se ver as suas virtudes, com naturalidade.

Assim, tudo é fácil. Nada tem drama.

Aí tome a sua posição, frente ao observado, com respeito e dignidade.

Se algo é ruim, e você o aceita, acaba de dar a oportunidade de conviver com esse algo, de aprender com esse algo, e até de saber como melhorá-lo.

Não guerreie com nada.

Combater é fortalecer o inimigo. É dar-lhe importância.

É crer no mal.

Pare de lutar. Aceite e estude. E transforme-se com amor.

Lembre-se que se você investir na inteligência pacífica, a vida o tratará com carinho e sabedoria.

Se você investir na agressão, a vida o ensinará pela dor.

Aceite. Não critique.

Criticar é culpar Deus.

Tudo é obra dele. Tudo tem uma função divina.

Mesmo tudo que você sente como ruim para você.

Tudo tem uma função nobre.

TUDO É DEUS.

ENTÃO, EU ACEITO TUDO.

EU ME ACEITO COMO SOU E ME AJUDO COM CARINHO.

E agora, veja isto, alguém lhe enviou esta carta.

MINHAS MÃOS TEM UMA PROMESSA
UM CARINHO UMA TAREFA
NO TRAÇO DA PRESENÇA QUE TE ACOMPANHA
NA CAMINHADA DE FEITOS COTIDIANOS

MINHAS MÃOS NÃO TE ESCONDEM DÁDIVAS
NEM DOCES CARÍCIAS DE CONSOLO AMIGO
É TUA ILUSÃO QUE TE INSENSIBILIZA
E TE DESVIA COM MEDO DO ABRAÇO

MINHAS MÃOS TE ACOMPANHAM PARCEIRAS
COMO QUEM TE PROTEGE NOS OMBROS
ÉS TU QUEM INSISTE EM CARREGAR
AS CRUZES MORDAZES NA INCOMPREENSÃO

MINHAS MÃOS SÃO CARNE E CORAÇÃO
PARA TODOS QUE APORTAM EM MEU ENORME PEITO
MAS EU, COMO EM UMA PRAIA DESERTA
ESPERO O BARCO DE TUA PRESENÇA
NO DESPERTAR DO TEU AMOR UM DIA

MINHAS MÃOS SÃO ACENOS INSISTENTES
A TE APONTAREM A TUA MORADIA
ACORDA E ABRAÇA-ME
DEUS!

MEDOS

Agora os seus medos.

Escreva aqui quais os principais:

_____

_____

_____

_____

_____

_____

_____

_____

Defina-se melhor.

O medo sempre se refere a uma sensação ruim, que eu penso (imagino) que vai acontecer e que eu quero evitar a tempo.

Quais as sensações ruins que você tem medo de passar por elas?

Ex: medo de barata pode ser o nojo, ou o inesperado atacando você e o surpreendendo, pois a barata voa.

Normalmente, tememos a rejeição, a dor, a perda, o vazio, o desamparo, o descontrole, etc...

Deixe bem claro para você, qual a sensação que você teme.

Agora, aprenda algo sobre o medo.

Quando eu não quero ver algo de ruim que está acontecendo comigo, que foi provocado por mim, então, eu desvio minha consciência e coloco tudo no futuro. Eu digo: Vai me acontecer e não está me acontecendo.

Pare agora e verifique: o que você teme, já está acontecendo em sua vida?

Se eu temo o desamparo, por exemplo, é porque eu já estou desamparado e não quero ver isto.

Se você assumir o desamparo, você o encontrará e se dará a possibilidade de saber como você o cria e poderá modificá-lo de uma vez para sempre.

Agora não confunda medo com precaução.

Na precaução, eu já vivi algo ruim e pela experiência eu me acautelo.

Tudo bem consciente.

No medo, eu vivo algo ruim e tento inconscientizá-lo.

Tudo o que recalcamos, o que não queremos ver, aparece de forma agressiva, e isto se chama projeção.

Você se recalca.

Sua moral não aceita.

Você se espreme, se aperta fisicamente.

Não se deixa sentir, conscientizar.

Foge a sua atenção, fantasia.

Aí, tudo vai para o inconsciente.

Mas o seu sistema de defesa necessita que você as perceba para mudar sua atitude.

E você se nega a ver.

Então, para elas aparecerem, têm que procurar as vias conscientes que você não pode controlar.

Tais como: o sonho, as partes do corpo que você não controla (sintomas), o mundo externo.

Pense agora em algo que você odeia, não tolera nos outros.

Escreva aqui:

_____

_____

_____

_____

_____

_____

_____

Quando algo mexe fundo com você é projeção. Você está se vendo nos outros. Introjeção é o mecanismo oposto. É aceitar ver o que você anteriormente negou.

Introjete o que você mais odeia, vendo que você também faz o mesmo com os outros ou com você mesmo.

É muito comum a gente não ver em si o que odeia nos outros, pois nosso orgulho não permite. Você cria dificuldades.

Seja humilde. Torne-se simples. Veja-se. Somos o que somos.

Recriminar-se não muda nada. Temer também não.

Nós sacaneamos a nossa coragem, o nosso ânimo, a nossa motivação.

Nossa vaidade quer nos fazer parecer aos outros, o que não somos.

Recalcamos a coragem e criamos o medo.

Se você insistir nisso, acaba doente.

TODA VEZ QUE EU AGRIDO
EU ME MACHUCO NOS OUTROS

TODA VEZ QUE EU TENHO TEMOR
EU ME ESPANTO AO ME VER NOS OUTROS

TODA VEZ QUE EU CRITICO
EU ME CONFESSO NOS OUTROS

TODA VEZ QUE EU ADMIRO
EU ME REVELO NOS OUTROS

TODA VEZ QUE EU AMO
EU ME ENCONTRO NOS OUTROS.

A vaidade é uma ilusão.

Vaidade não é o asseio nem o cuidado ao se vestir.

Vaidade é achar mais importante como eu sou para os outros, do que eu sou para mim.

Vaidade é se medir pelos outros e negar o que se sente de verdade.

É estar sempre num palco, preocupado com o que os outros acham de você.

Se você quer ficar melhor, não leve sua vaidade a sério.

Conheça-se agora.

Pare e se veja.

Complete esta frase:

– Eu faço questão que os outros me achem...

_____

_____

_____

_____

_____

Quanto mais você procura se conhecer com sinceridade, mais suficiente, mais independente, você se torna.

Se dê a chance de conhecer-se mais.

Quando você quer que os outros o considerem positivamente, o que você se impõe a fazer?

Ex.: Eu me obrigo a ser bonzinho.

Eu nunca digo não.

Eu me sacrifico para resolver os problemas dos outros, etc...

Se o papel não der, use uma folha a parte.

Faça o exercício com calma.

Leve sua folha com você.

Observe-se no dia-a-dia.

Você concluirá que é espantosa a quantidade de obrigações que nos impomos, para garantir a consideração externa.

Enquanto que, se nós nos dermos o que queremos, eliminaremos as obrigações e ficaremos livres.

Assim, todas as cobranças aparecem fortes em sua vida, porque você é cobrável.

Todas as expectativas dos outros o atingem, porque você é cobrável e servil.

Todas as críticas o atingem mortalmente, pois você é vulnerável ao que os outros dizem.

Ninguém muda os outros.

Mas, mudamos a nós mesmos.

Pare de ser fraco e vulnerável.

PREENCHA-SE.

SEJA A FONTE DE SUAS NECESSIDADES.

Os outros servem para eles.

Você serve para você.

Só você pode saber a quantidade, a hora e o modo como necessita das coisas.

TUDO MUDA.

SÓ VOCÊ FICARÁ COM VOCÊ PELA ETERNIDADE.

Pare agora de esperar coisas dos outros.

Pare de ser carente, pedinte, expectante.

Pare de ser criança.

Cresça e se responsabilize por você.

AME-SE.

APROVE-SE.

VALORIZE-SE.

Se valorizar não é ser melhor do que os outros.

VALORIZAR-SE É DAR IMPORTÂNCIA AO QUE SENTE.

O que você sente é a medida e o referencial para você mesmo.

Use o verbo reflexivo o mais que puder.

Complete:

DE AGORA EM DIANTE EU POSSO ME _____

_____

_____

_____

_____

_____

_____

_____

_____

_____

_____

_____

CRESCER É UM TRABALHO INTERIOR QUE LEVA TEMPO.

TENHA PACIÊNCIA COM VOCÊ.

VOCÊ MERECE O MELHOR DE SI MESMO.

LEMBRE-SE QUE DEUS, OU A VIDA, SÓ PODERÁ DAR A VOCÊ O QUE VOCÊ SE DER.

VOCÊ ESTÁ INTEIRAMENTE EM SUAS MÃOS.

VOCÊ É VIDA!

É DEUS!

CRESÇA E SUA VIDA CRESCERÁ.

VOCÊ É O SEU MELHOR AMIGO OU O SEU ÚNICO INIMIGO.

DÊ-SE A CONFIANÇA E O CRÉDITO.

NÃO ESPERE VOCÊ MUDAR, OU ALGO MILAGROSO ACONTECER, PARA VOCÊ SE GOSTAR.

GOSTE-SE, COMO VOCÊ É.

PARE DE LUTAR CONTRA VOCÊ.

PARE DE SE DESCONSIDERAR.

OLHE-SE COM APROVAÇÃO.

AGORA, EU VOU PARAR.

MAS VOCÊ PODERÁ CONTINUAR.

VISUALIZE-SE COM AMOR.

ASSIM ESTAREMOS EM ESSÊNCIA SEMPRE JUNTOS.

Em um próximo livro, eu continuo.

Por hora:

SILÊNCIO...
TODO MURMÚRIO É APENAS
O VENTO MUDO DA ILUSÃO.

SILÊNCIO...
O ESPAÇO DO NADA COMO PAUSA
ENTRE O ARTIFICIAL E O ESPONTÂNEO.

SILÊNCIO...
UMA FLOR ENCONTRA O SOL
ABRINDO SUAS PÉTALAS FRESCAS.

SILÊNCIO...
A CALMA E A INTELIGÊNCIA
ENVOLVENDO-NOS EM RENOVAÇÃO.

SILÊNCIO...
SEM TEMPO NEM ESPAÇO
APENAS MOVIMENTO E EXISTÊNCIA...

A REVOLUÇÃO SILENCIOSA
ESTÁ NO SILÊNCIO DA MENTE
A COMPAIXÃO DA VIDA
É A INVISÍVEL PERMISSÃO DE EXISTIR.

PORTANTO, SILÊNCIO...

Blog do autor
www.vidaeconsciencia.com.br/luizgasparetto

Sucessos de *ZIBIA GASPARETTO*

Crônicas e romances mediúnicos.
Mais de dez milhões de exemplares vendidos. Há mais de quinze anos, Zibia Gasparetto vem se mantendo na lista dos mais vendidos, sendo reconhecida como uma das autoras nacionais que mais vendem livros.

Crônicas: Silveira Sampaio

- Pare de Sofrer
- O Mundo em que Eu Vivo
- Bate-Papo com o Além
- O Repórter do Outro Mundo

Crônicas: Zibia Gasparetto

- Conversando Contigo!
- Eles Continuam Entre Nós

Autores Diversos

- Pedaços do Cotidiano
- Voltas que a Vida Dá

Romances: Lucius

- O Amor Venceu
- O Amor Venceu (em edição ilustrada)
- O Morro das Ilusões
- Entre o Amor e a Guerra
- O Matuto
- O Fio do Destino

- Laços Eternos
- Espinhos do Tempo
- Esmeralda
- Quando a Vida Escolhe
- Somos Todos Inocentes
- Pelas Portas do Coração
- A Verdade de Cada Um
- Sem Medo de Viver
- O Advogado de Deus
- Quando Chega a Hora
- Ninguém é de Ninguém
- Quando é Preciso Voltar
- Tudo Tem Seu Preço
- Tudo Valeu a Pena
- Um Amor de Verdade
- Nada é Por Acaso
- O Amanhã a Deus Pertence
- Onde Está Teresa?
- Vencendo o Passado

Sucesso de *SILVANA GASPARETTO*

Obra de autoconhecimento voltada para o universo infantil. Textos que ajudam as crianças a aprenderem a identificar seus sentimentos mais profundos tais como: tristeza, raiva, frustração, limitação, decepção, euforia etc., e naturalmente auxiliam no seu processo de autoestima positiva.

- Fada Consciência

Sucessos de *LUIZ ANTONIO GASPARETTO*

Estes livros vão mudar sua vida!
Dentro de uma visão espiritualista moderna, estes livros vão ensiná-lo a produzir um padrão de vida superior ao que você tem, atraindo prosperidade, paz interior e aprendendo acima de tudo como é fácil ser feliz.

- Atitude
- Faça Dar Certo
- Se Ligue em Você (adulto)
- Se Ligue em Você – nº 1 (infantil)
- Se Ligue em Você – nº 2 (infantil)
- Se Ligue em Você – nº 3 (infantil)
- A Vaidade da Lolita (infantil)
- Essencial (livro de bolso com frases de autoajuda)
- Gasparetto (biografia mediúnica)
- Prosperidade Profissional
- Conserto Para uma Alma Só (poesias metafísicas)
- Para Viver Sem Sofrer

Série AMPLITUDE
- Você está Onde se Põe
- Você é Seu Carro
- A Vida lhe Trata como Você se Trata
- A Coragem de se Ver

CALUNGA
- "Um Dedinho de Prosa"
- Tudo pelo Melhor
- Fique com a Luz...
- Verdades do Espírito

LUIZ ANTONIO GASPARETTO EM CD

Aprenda a lidar melhor com as suas emoções para conquistar um maior domínio interior.

Série PRONTO SOCORRO
Autoajuda

1 – Confrontando o Desespero
2 – Confrontando as Grandes Perdas
3 – Confrontando a Depressão
4 – Confrontando o Fracasso
5 – Confrontando o Medo
6 – Confrontando a Solidão
7 – Confrontando as Críticas
8 – Confrontando a Ansiedade
9 – Confrontando a Vergonha
10 – Confrontando a Desilusão

Série VIAGEM INTERIOR (vols. 1 a 4 e vols. 5 a 8)
Autoajuda • Exercícios de Meditação

Por meio de exercícios de meditação, mergulhe dentro de você e descubra a força de sua essência espiritual e da sabedoria. Experimente e verá como você pode desfrutar de saúde, paz e felicidade desde já.

• **Prosperidade**
• **A Eternidade de Fato**

Série CALUNGA
Autoajuda

- Prece da Solução
- Chegou a Sua Vez!
- Presença
- Tá Tudo Bão!
- Teu Amigo

Série PALESTRAS
Autoajuda

- S.O.S. Dinheiro
- Mediunidade
- O Sentido da Vida
- Os Homens
- Paz Mental
- Romance Nota 10
- Segurança
- Sem Medo de Ter Poder
- Simples e Chique
- Sem Medo de Ser Feliz

Série REALIZAÇÃO
Autoajuda

Com uma abordagem voltada aos espiritualistas independentes, eis aqui um projeto de 16 CDs para você melhorar. Encontros com o Poder Espiritual para práticas espirituais de prosperidade. Nesta coleção você aprenderá práticas de consagração, dedicação, técnicas de orações científicas, conceitos novos de forma espiritual, conhecimento das leis do destino, práticas de ativar o poder pessoal e práticas de otimização mental.

Série VIDA AFETIVA
Autoajuda

1 – Sexo e Espiritualidade
2 – Jogos Neuróticos a Dois
3 – O que Falta pra Dar Certo
4 – Paz a Dois

Série LUZES
Autoajuda • Coletânea com 8 CDs • Volumes 1 e 2

Este é um projeto idealizado pelos espíritos desencarnados que formam no mundo astral o Grupo dos Mensageiros da Luz. Por meio de um curso ministrado no Espaço Vida & Consciência, pela mediunidade de Gasparetto, eles nos revelaram os poderes e mistérios da Luz Astral, propondo exercícios para todos aqueles que querem trabalhar pela própria evolução e melhoria do planeta. Nesta coletânea, trazemos essas aulas, captadas ao vivo, para que você também possa se juntar às fileiras dos que sabem que o mundo precisa de mais luz.

Série ESPÍRITO
Autoajuda

1 – Espírito do Trabalho
2 – Espírito do Dinheiro
3 – Espírito do Amor
4 – Espírito da Arte
5 – Espírito da Vida
6 – Espírito da Paz
7 – Espírito da Natureza
8 – Espírito da Juventude
9 – Espírito da Família
10 – Espírito do Sexo
11 – Espírito da Saúde
12 – Espírito da Beleza

Série PALESTRA
Autoajuda

1 – Meu Amigo, o Dinheiro
2 – Seja Sempre o Vencedor
3 – Abrindo Caminhos
4 – Força Espiritual

LUIZ ANTONIO GASPARETTO EM DVD

O MUNDO EM QUE EU VIVO
Autoajuda
Momentos inesquecíveis da palestra do Calunga proferida no dia 26 de novembro de 2006 no Espaço Vida & Consciência.

ESPAÇO VIDA & CONSCIÊNCIA

É um centro de cultura e desenvolvimento da espiritualidade independente.

Acreditamos que temos muito a estudar para compreender de forma mais clara os mistérios da eternidade.

A Vida parece infinitamente sábia em nos dotar de inteligência para sobreviver com felicidade, e me parece a única saída para o sofrimento humano.

Nosso espaço se dedica inteiramente ao conhecimento filosófico e experimental das Leis da Vida, principalmente aquelas que conduzem os nossos destinos.

Acreditamos que somos realmente esta imensa força vital e eterna que anima a tudo, e não queremos ficar parados nos velhos padrões religiosos que pouco ou nada acrescentaram ao progresso da humanidade.

Assim, mudamos nossa atitude para uma posição mais cientificamente metodológica e resolvemos reinvestigar os velhos temas com uma nova cabeça.

O resultado é de fato surpreendente, ousado, instigador e prático.

É necessário querer estar à frente do seu tempo para possuí-lo.

Luiz Antonio Gasparetto

Mais informações:

Espaço Vida e Consciência – SP
Rua Salvador Simões, 444 – Ipiranga – São Paulo – SP
CEP 04276-000 – Tel./Fax: (11) 5063-2150
Espaço Vida e Consciência – RJ
Rua Santo Amaro, 119 – Glória – Rio de Janeiro – RJ
CEP 22211-230 – Tel./Fax: (21) 3509-0200
E-mail: espaço@vidaeconsciencia.com.br
Site: www.vidaeconsciencia.com.br

INFORMAÇÕES E VENDAS:

Rua Agostinho Gomes, 2312
Ipiranga • CEP 04206-001
São Paulo • SP • Brasil
Fone / Fax: (11) 3577-3200 / 3577-3201
E-mail: editora@vidaeconsciencia.com.br
Site: www.vidaeconsciencia.com.br